MONTAIGNE

FOLHA
EXPLICA

MONTAIGNE

MARCELO COELHO

PUBLIFOLHA

Editor
Arthur Nestrovski

Assistência editorial
Paulo Nascimento Verano

Capa e projeto gráfico
Silvia Ribeiro

Coordenação de produção gráfica
Marcio Soares

Assistência de produção gráfica
Soraia Pauli Scarpa

Revisão
Mário Vilela

Ilustração
Conceição Cahu, baseada em *Retrato de Montaigne* (Museu de Versalhes)

Editoração eletrônica
Picture studio & fotolito

O autor agradece o apoio do Centro Interdisciplinar de Pesquisa da Faculdade Cásper Líbero.

Dados internacionais de Catalogação na Publicação (CIP)
(Câmara Brasileira do Livro, SP, Brasil)

Coelho, Marcelo
Montaigne / Marcelo Coelho. – São Paulo : Publifolha, 2001. – (Folha explica)

Bibliografia.
ISBN 85-7402-318-3

1. Filosofiaa Francesa 2. Montaigne, Michel de, 1533-1592 - Crítica e interpretação 3. Montaigne, Michel de, 1533-1592. Ensaios - Crítica e interpretação I. Título. II. Série.

01-3895 CDD-194

Índices para catálogo sistemático:
1. Montaigne : Obras filosóficas : Filosofia francesa 194

PUBLIFOLHA
Divisão de Publicações do Grupo Folha

Av. Dr. Vieira de Carvalho, 40, 11° andar, CEP 01210-010, São Paulo, SP
Tel.: (11) 3351-6341/6342/6343/6344 – Site: www.publifolha.com.br

Os leitores interessados em fazer sugestões podem escrever para Publifolha no endereço acima, enviar um fax para (11) 3351-6330 ou um e-mail para publifolha@publifolha.com.br

SUMÁRIO

INTRODUÇÃO *7*

1. POR QUE LER MONTAIGNE *11*

2. EM TORNO DE UM VAZIO *19*

3. A COMPOSIÇÃO DOS ENSAIOS *31*

4. MONSTROS E CANIBAIS *59*

A CONCLUSÃO IMPOSSÍVEL *77*

CRONOLOGIA *81*

PARA LER MAIS *85*

Michel de Montaigne (1533-92)

INTRODUÇÃO

Michel Eyquem de Montaigne nasceu em 1533, no castelo de sua família, perto de Bordeaux, no sudoeste da França. Seus antepassados eram comerciantes; o pai de Montaigne, Pierre, foi o primeiro da família a ter participado de campanhas militares. Embora Montaigne também tenha estado em campos de batalha, cabia-lhe seguir uma carreira jurídica e administrativa, típica da chamada *noblesse de robe* – a nobreza togada, em oposição à *noblesse d'épée*, nobreza de espada, que congregava famílias mais antigas e cercadas de glória militar. Pai e filho foram magistrados no Parlamento de Bordeaux, e ambos se tornaram prefeitos da cidade.

Em 1571, aos 38 anos, Montaigne retirou-se da vida pública para dedicar-se aos estudos e à redação de um livro. A esse livro, dividido em três volumes, deu o nome de *Ensaios*. É, praticamente, sua única obra: um *Diário* da viagem que fez à Itália foi descoberto por volta de 1770 e publicado em 1774. Quarenta cartas suas foram publicadas logo depois de sua morte, que ocorreu em 1592.

Praticamente toda a vida adulta de Montaigne transcorreu num período extremamente conturbado da história francesa. De 1562 a 1598, seis anos após sua morte, portanto, o país viveu em estado de guerra civil intermitente. Católicos e calvinistas (chamados na França de huguenotes) envolveram-se em nada menos que oito grandes confrontos, a que se deu o nome de guerras de religião. A própria nobreza estava dividida, num quadro que se agravava pela decadência da dinastia reinante, a dos Valois. As guerras só terminaram com a ascensão de Henrique IV, defensor dos protestantes, que, para assumir o trono, converteu-se ao catolicismo.

Periodizações são sempre arriscadas, mas o tempo em que Montaigne viveu pode ser entendido como o da transição entre a Renascença e o Barroco. Leonardo da Vinci, o grande representante do espírito renascentista, morrera em 1519. Enquanto o ideal de harmonia clássica ainda se fazia presente nas obras de um poeta como Ronsard (1524-85), a pintura ia se inclinando por inovações cada vez mais ousadas, numa demonstração de alto virtuosismo técnico; é o maneirismo, classificação em que podemos incluir nomes como Tintoretto (1518-94) e Arcimboldo (1527-93). Montaigne é ainda contemporâneo de Camões (1525-79) e Bruegel, o Velho (1525-69). Tinha 14 anos mais que Cervantes (1547-1616) e estava com 31 anos quando nasceu Shakespeare (1564-1616), em cuja obra já se nota a influência dos *Ensaios*.

Montaigne é um autor bastante acessível. Este livro terá cumprido sua função se for entendido como um convite à leitura dos *Ensaios*. As dificuldades e variações de interpretação tendem a aumentar, contudo, à medida que nos aprofundamos no estudo dessa obra. Este "Folha Explica", um pouco contraditoriamente, tem também a intenção de dar idéia das complicações que se escondem sob a escrita sempre afável e amena de Montaigne.

1. POR QUE LER MONTAIGNE

Mais de 400 anos depois da sua publicação, não há – felizmente – nenhuma razão específica para ler os *Ensaios* de Montaigne. Pelo menos, não no sentido em que se pode dizer que é necessário a um cidadão culto conhecer as idéias de Freud, de Marx ou de Darwin. O que Freud disse ou não disse, o que pensava Marx, quais os traços básicos da teoria darwinista – tudo isso são coisas a respeito das quais podemos ser mal ou bem informados e que, sem dúvida, constituem um equipamento intelectual, um repertório de idéias, indispensável ao homem contemporâneo.

Mas... quais as idéias de Montaigne? Qual a sua, digamos, "teoria"? A pergunta é um pouco deslocada. Seu pensamento, que se ramifica, se enovela, se exercita e se diverte nos três volumes dos *Ensaios*, é deliberadamente inconclusivo, não se organiza num sistema, e não seria correto entendê-lo como uma "teoria" – sobre Deus, sobre o mundo, sobre a sociedade.

"Que sei eu?" – essa frase, o famoso *Que sais-je?*, simboliza, para Montaigne e seus comentadores, como que a essência de sua atitude intelectual. Em 1576, Montaigne mandou cunhar uma medalha com seu nome e seu brasão, tendo na outra face o símbolo de uma balança com os dois pratos em equilíbrio e uma máxima do ceticismo grego: "Suspendo" (meu julgamento). No mesmo sentido, entre as sentenças que mandou pintar nas vigas de sua biblioteca, encontram-se as seguintes: "A todo argumento pode-se opor outro argumento de mesma força"; "Sem pender para nenhum lado"; "Pode ser e pode não ser", que colheu na obra do cético Sexto Empírico (c. 150-c. 210 d.C.). Mas afirmar que Montaigne era um cético em tempo integral – afirmação, ela própria, sujeita a dúvidas e contestações – significa ainda que podemos resumir seu pensamento.

Antes que um "pensamento", o que Montaigne oferece ao leitor é um *modo de pensar*; podemos dizer também: um modo de ser e, claro, um modo de escrever. As três coisas se confundem o tempo todo nos *Ensaios*: o seu "estilo", mais do que uma forma, uma sintaxe, um vocabulário, é sobretudo um *jeito* – algo quase físico, como um sotaque ou uma inclinação do corpo –; e o seu modo de pensar vai-se apresentando a nossos olhos menos em cada frase isolada do que no decorrer da escrita. Uma escrita na qual Montaigne fala principalmente de si mesmo, de seus humores, de seus espantos, de seus hábitos. Queixa-se da falta de memória, narra uma queda de cavalo que sofreu, enumera seus pratos preferidos, muda de assunto, comenta as crises políticas de seu tempo, discute remédios possíveis contra a impotência sexual, lembra-se de uma anedota ou de uma citação clássica, aprova-a, desmente-a, volta ao assunto do início.

"Quero que me vejam aqui em minha maneira simples, natural e habitual, sem apuro e artifício: pois é a mim que pinto", diz Montaigne, na advertência que abre o primeiro volume dos *Ensaios*. "Está aqui um livro de boa-fé, leitor [...]. Meus defeitos serão lidos ao vivo, e minha maneira natural, tanto quanto o respeito público mo permitiu. Pois, se eu tivesse estado entre aqueles povos que se diz viverem ainda sob a doce liberdade das primeiras leis da natureza, asseguro-te que de muito bom grado me teria pintado inteiro e nu." E continua, despedindo-se de quem mal tinha aberto o volume: "assim, leitor, sou eu mesmo a matéria de meu livro: não é sensato que empregues teu lazer em um assunto tão frívolo e tão vão. A Deus, pois, de Montaigne, neste primeiro de março de mil quinhentos e oitenta".[1]

Com a pequena malícia dessa advertência inicial, certamente Montaigne atraiu mais leitores do que os que fingiu dispensar. Com a vantagem de dar, a cada um que prossiga por suas páginas, a impressão de que ninguém mais compartilha do que ali vai sendo escrito, de que ali se trata de segredos que só o leitor individual e o autor conhecem. Malícia suplementar: a primeira frase da advertência dizia ser esse "um livro de boa-fé". Como acreditar, entretanto, na boa-fé, na sinceridade, de um autor que, logo em seguida, nos prende pela falsa modéstia e, também, pela falsa altivez com que nos dissuade de ler o que publica?

---

[1] *Os Ensaios: Livro I*. Trad. Rosemary Costek Abílio. São Paulo: Martins Fontes, 2000; "Ao Leitor", p. 3-4. Nas citações que se seguirem, indicaremos o número da página conforme essa edição, antecedido do volume e do capítulo de que o trecho foi retirado. Assim, "III, 2", entre parênteses, quer dizer que o trecho se localiza no livro III, capítulo 2. Sobre edições e traduções, ver o capítulo "Para Ler Mais", no final deste livro. O "de Montaigne" que aparece na última linha da citação refere-se ao nome do castelo onde o autor escrevia; seguindo o costume fidalgo, Michel passou a usá-lo como sobrenome, em substituição ao nome (burguês) de família, Eyquem.

Por que ler Montaigne, então? O seu modo de pensar e de escrever foi, na verdade, como que absorvido pela civilização ocidental. Montaigne deu o nome para um novo gênero literário, o ensaio; foi dos primeiros a instituir na literatura moderna um espaço privado, o espaço do "eu", do texto íntimo, confidencial. Podemos ver em Montaigne, como observa Otto Maria Carpeaux,[2] o início de um "mito" literário, o do autor que se isola numa torre para escrever sem prestar contas a ninguém. Seus *Ensaios* vêm criar também um novo processo de escrita – no qual hesitações, autocríticas, correções entram no próprio texto, constituem a própria obra – e ensinam uma maneira nova de nos vermos a nós mesmos – sem diminuir-nos diante de qualquer autoridade religiosa e política, mas sem elevar-nos, por preconceito e etnocentrismo, acima da estranheza de culturas que não são as nossas, de comportamentos humanos que não sabemos explicar.

Montaigne também representará o ponto de partida da filosofia moderna, se considerarmos o impacto de sua obra na dissolução do que restava das certezas teológicas medievais e, igualmente, na crise da confiança do humanismo renascentista. O tema do ceticismo, que seus *Ensaios* recolocaram na ordem do dia, passaria a impor-se como desafio central para Descartes e os que vieram depois dele.[3] Nisso tudo está muito da importância de Montaigne, mas não necessariamente um motivo para lê-lo.

O que Montaigne tem de fascinante é que, embora suas idéias sejam de algum modo as nossas, tudo

---

[2] *História da Literatura Ocidental*. Rio de Janeiro: Alhambra, 2. ed., 1978; p. 377.

[3] Ver Richard Popkin, *História do Ceticismo de Erasmo a Spinoza*. Trad. Danilo Marcondes de Souza Filho. Rio de Janeiro: Francisco Alves, 2000.

nos *Ensaios* parece ser novidade, estar sendo dito pela primeira vez. Não havendo, hoje em dia, maior originalidade em condenar-se a tortura, em duvidar da existência de bruxas ou de milagres, em aprofundar-se na análise de si mesmo, em criticar o etnocentrismo – ou seja, não havendo, hoje em dia, maior originalidade nas "idéias de Montaigne" –, seu texto parece ter o frescor do primeiro dia em que foi escrito. Reconhecemos nele o que temos de melhor em nosso próprio pensamento, com a surpresa de encontrá-lo, como se tivesse acabado de nascer, num autor que escreve em pleno século 16.

O ensaísta americano Ralph Waldo Emerson (1803-82) refere-se a essa experiência, ao dizer que sentia como se ele próprio tivesse escrito *Os Ensaios* de Montaigne "em alguma existência passada".[4] "O que amamos nele", disse André Gide (1869-1951), "é o que nos permite reconhecê-lo como alguém semelhante a nós."[5] Coisa que acontece mesmo com seus adversários filosóficos, como Pascal (1623-62). Atacando Montaigne, observa que "não é em Montaigne, mas em mim mesmo, que acho tudo o que nele vejo".[6]

Apesar das exasperações de Pascal, essa relação espantosamente próxima que Montaigne estabelece com o leitor tem um nome, que é o da amizade. "Que homem amável! Que ótima companhia! É um antigo amigo meu. Mas, de tão antigo, é novo", exclamava madame de Sévigné em 1679. Trezentos anos depois, Jorge Luis Borges dizia contar Montaigne entre seus amigos pessoais.[7]

---

[4] *Homens Representativos.* Trad. Alfredo Gomes. Rio de Janeiro: Tecnoprint, 1967.

[5] "Montaigne". Em: *Essais Critiques.* Paris, Gallimard, 1999 (col. "La Pléiade").

[6] *Pensamentos.* Trad. Sérgio Milliet. São Paulo: Abril, 2. ed., 1978; p. 50.

[7] Opiniões citadas em: Christiane Boutaudou, *Montaigne – Textes et Débats.* Paris: Livre de Poche, 1984; p. 93 e 102.

"Nada sei fazer tão bem como ser amigo", declara Montaigne (I, 9, p. 48). Mais do que qualquer idéia contida nos *Ensaios*, ou da influência que seu autor exerceu sobre o pensamento ocidental, é certamente essa amizade o que cada leitor, ainda hoje, encontra em suas páginas. E, se perguntarmos mais uma vez "por que ler Montaigne", talvez a resposta seja tão imediata e simples quanto a que ele próprio dera, ao procurar as razões de sua grande amizade com Étienne de La Boétie: "porque era ele, porque era eu" (I, 28, p. 281).

2. EM TORNO DE UM VAZIO

Endereçando-se diretamente ao leitor, entretendo-o com reflexões, histórias curiosas e pormenores de sua vida pessoal, Montaigne parece de fato procurar um amigo em cada um de nós. "Se [...] eu soubesse de alguém que me fosse adequado, sem dúvida iria encontrá-lo bem longe; pois a doçura de uma companhia conveniente e agradável não tem preço que pague, em minha opinião. Oh, um amigo! Como é verdadeira aquela antiga máxima, de que seu exercício é mais necessário e mais doce do que o dos elementos da água e do fogo!" (III, 9, p. 300)

A experiência da amizade não apenas é decisiva para quem se aventura a ler os *Ensaios*, como também foi básica para que o próprio Montaigne começasse a escrever. Está na origem do seu livro. Ao fazer seu autorretrato, tornando-se ele mesmo "a matéria de seu livro", Montaigne pretende que seu trabalho sirva "para distrair um vizinho, um parente, um amigo, que terá prazer em voltar a encontrar-me e a freqüentar-me nesta imagem" (II, 18, p. 497). O livro, "votei-o ao benefício particular de meus parentes e amigos; para que, ao me perderem (do que correm o risco dentro em breve), possam reencontrar nele alguns vestígios de minhas tendências e humores, e que por esse meio mantenham mais íntegro e vivo o conhecimento que tiveram de mim" (I, "Ao Leitor", p. 3-4).

Esse último trecho foi escrito em 1580. Entretanto, o grande amigo de Montaigne, La Boétie, tinha morrido 17 anos antes. A perda foi imensa para Montaigne. "Desde o dia em que o perdi [...], não faço mais senão me arrastar languescente; e os próprios prazeres que me oferecem, em vez de consolarme, redobram a tristeza de sua perda. Participávamos a meias de tudo; parece-me que estou roubando a sua parte [...]. Já estava tão afeito e habituado a ser um de dois em tudo que me parece não ser mais que meio." (I, 28, p. 288-9)

Não será errado dizer que o auto-retrato que Montaigne faz em seus *Ensaios*, dedicado aos amigos e parentes, para que dele se recordem depois de sua morte, é um gênero de livro que o próprio Montaigne gostaria de ter em mãos, o livro que La Boétie deveria ter escrito, para consolá-lo da perda que viria a lastimar tão intensamente.

La Boétie morreu em 1563, alguns meses antes de completar 33 anos; Montaigne era três anos mais moço. La Boétie não teve tempo de escrever uma grande obra, nem de assumir postos importantes na vida pública. Montaigne e La Boétie tampouco tiveram muito tempo de amizade: seis anos, no máximo. Os dois se conheceram no Parlamento de Bordeaux, onde exerciam o cargo de "conselheiros", isto é, magistrados. Foi uma amizade "à primeira vista": "em nosso primeiro encontro [...] vimo-nos tão atados, tão conhecidos, tão comprometidos entre nós que desde então nada nos foi tão próximo como um do outro" (I, 28, p. 281). Não há evidências de que ambos tivessem tido um relacionamento homossexual (seja lá o que isso signifique). Mas Montaigne não fala de ninguém com o mesmo tom apaixonado.

Ao morrer, La Boétie legou a Montaigne sua biblioteca. Montaigne se sentiu responsável por publicar os escritos do amigo, encarregando-se de zelar por sua memória. Em vez de editá-los num só volume, como "Obras Completas", preferiu publicar cada escrito separadamente, acompanhando-os de cartas-dedicatórias a várias personagens importantes do reino. Seria uma maneira, explica Montaigne numa dessas cartas, de multiplicar a memória do amigo.[8]

La Boétie foi "o maior homem, na minha opinião, de nosso século", afirma Montaigne em outra carta.[9] A amizade entre eles foi "tão íntegra e perfeita que sem a menor dúvida não se lê sobre outras iguais, e entre nossos contemporâneos não se vê o menor indício de sua prática. Para construí-la são necessárias tantas circunstâncias que é muito se a fortuna o conseguir uma vez cada três séculos" (I, 28, p. 275).

Num autor sempre nuançado e dubitativo como Montaigne, o exagero dessas frases chama a atenção. O curioso nisso tudo é que não ficamos sabendo muito, ao ler os *Ensaios*, a respeito das opiniões, dos atos exemplares, dos hábitos ou das atitudes de La Boétie. Montaigne evoca a memória de La Boétie, o nome de La Boétie, a amizade de La Boétie; não o que ele costu-

---

[8] Ao senhor de Foix. Em: *Oeuvres Complètes*. Paris: Seuil, 1967; p. 554.

[9] Ao senhor de Mesmes. Ibid., p. 551.

mava dizer, nem episódios biográficos que pudessem ilustrar sua personalidade. Não há registro de uma correspondência escrita entre os dois, exceto alguns versos latinos em que La Boétie censurava, de modo afável, a vida desregrada do amigo. Conversavam, certamente, sobre as guerras de religião. Montaigne e La Boétie pertenciam à ala moderada do partido católico.

APRENDER A MORRER

É como bom católico[10] – mas também com a coragem estóica de um romano – que La Boétie morre, das complicações de uma disenteria causada, ao que parece, por alguma doença contagiosa. Montaigne assiste à sua agonia. O exemplo de serenidade diante da morte impressiona-o; fica a memória dos talentos, da eloqüência e das virtudes de La Boétie, que Montaigne não se cansa de comparar à própria inconstância, aos próprios torpores e tendências para ceder facilmente aos apelos da sensualidade.

O tema da morte – de como preparar-se, de como comportar-se diante de sua iminência – aparece de várias maneiras nos escritos de Montaigne. Um de seus primeiros ensaios, "Que Filosofar É Aprender a Morrer", ironiza a inconsciência do vulgo diante da inevitabilidade

[10] Ou como cristão-novo? Ao padre que lhe veio dar a extrema-unção, La Boétie afirma que "como fui batizado, vivi, e por isso quero morrer na fé e na religião que Moisés plantou inicialmente no Egito; que os patriarcas receberam em seguida na Judéia; e que de mão em mão, pela sucessão dos tempos, veio a dar na França" (ibid., p. 550). Muitos judeus perseguidos na península Ibérica se radicaram em Bordeaux; a mãe de Montaigne, Antoinette de Louppes, vinha de uma família de cristãos-novos aragoneses – os López de Villanueva.

da morte, contrastando-a com a própria atitude: "não há algo que me tenha ocupado mais do que os pensamentos sobre a morte: mesmo no período mais desregrado de minha vida [...], entre as mulheres e os jogos [...] eu refletia sobre alguém que nos dias anteriores fora assaltado por uma febre alta e pelo fim" (I, 20, p. 129). Mas a própria passagem do tempo, diz Montaigne, nos prepara para isso: "em toda parte me desenlaço; já estão feitas minhas despedidas de todos, exceto de mim" (ibid., p. 131).

Quase 20 anos depois, o ensaio "Da Fisionomia" apresenta uma visão mais "natural", menos grave ou menos filosófica, da morte: "se não sabeis morrer, não vos preocupeis; a natureza ensinar-vos-á no momento certo, plena e eficientemente [...]. Na minha opinião este é de fato o final, porém não a finalidade da vida" (III, 12, p. 411).

A passagem de uma visão heróica para um entendimento mais resignado e passivo da morte levou a que se identificassem diferentes "fases" no pensamento de Montaigne – do estoicismo inicial a certo epicurismo nos últimos ensaios, passando pela "crise cética" que caracteriza a "Apologia de Raymond Sebond", o texto mais longo de Montaigne, inserido na metade do segundo volume dos *Ensaios*. Essa tripartição do pensamento de Montaigne foi proposta por Pierre Villey, no seu monumental estudo de 1908 sobre *As Fontes e a Evolução dos* Ensaios *de Montaigne*. Desnecessário dizer que essa tese recebeu muitas contestações; o próprio Villey advertiria que nunca defendeu um esquema tão rígido de sucessão cronológica na obra de Montaigne.[11]

---

[11] Cf. a introdução de Claudia Vasconcellos à edição dos *Ensaios* de que nos utilizamos (ed. Martins Fontes).

Importa lembrar que esse "aprendizado da morte" deixaria de ser puramente livresco e filosófico, para ser experimentado na prática por Montaigne. Ele narra, no ensaio "Do Exercício", uma queda de cavalo que o deixou inconsciente por cerca de duas horas: "Vomitei um balde cheio de golfadas de sangue [...] minhas sensações estavam muito mais próximas da morte do que da vida. [...] Parecia-me que minha vida sustentava-me apenas por um sopro; eu fechava os olhos para impeli-la para fora, e sentia prazer em enlanguescer e em deixar-me ir" (II, 6, p. 63-5). O episódio, que Montaigne diz ser "frívolo" (ibid., p. 69), consistiria, sem trocadilho, num verdadeiro "ensaio" para a própria morte.

Mas esse acidente ocorreu alguns anos depois da morte de La Boétie. Quando a presencia, Montaigne ainda tem em mente o modelo de uma morte edificante, nobre, inspiradora de belos discursos; ato memorável de uma personalidade memorável. Caberia a Montaigne, a partir de então, zelar pela memória de La Boétie.

O CENTRO AUSENTE

La Boétie deixara poucos escritos. Versos latinos, sonetos franceses, traduções de Xenofonte e de Plutarco, anotações sobre um edito real de 1562, que tentava estabelecer a paz entre católicos e protestantes, e, finalmente, o famoso *Discurso Sobre a Servidão Voluntária*, libelo contra a tirania e elogio da amizade como modelo do relacionamento civil. Montaigne foi publicando aos poucos os escritos de La Boétie. Mas desistiu de publicar o *Discurso*.

É que, enquanto preparava a edição dessa obra, os protestantes mais radicais publicaram, por conta própria, o *Discurso* de La Boétie, juntamente com obras sediciosas. Antipático a toda revolta contra os poderes constituídos, Montaigne achou inoportuno dar nova divulgação a um texto que se prestava a interpretações subversivas. Até hoje, de fato, o *Discurso* é visto como um clássico do pensamento libertário.

Montaigne conta que o primeiro volume dos *Ensaios* não seria mais do que uma espécie de moldura, de ornamento, ao texto de La Boétie. O *Discurso Sobre a Servidão Voluntária* seria o texto de fato importante que Montaigne pretendia publicar, ocupando o capítulo 29 do primeiro volume; os 56 ensaios escritos por Montaigne estariam assim divididos em partes iguais, antes e depois do *Discurso.* O ensaio "Da Amizade", de número 28, estaria imediatamente seguido do texto de La Boétie. Sem este, o primeiro volume dos *Ensaios* terminou, assim, organizado em torno de um vazio. Foi como se La Boétie fizesse, pela segunda vez, sentir sua ausência, sua desaparição. Vejamos como Montaigne explica suas próprias intenções.

"Examinando o procedimento de um pintor num trabalho que possuo, senti vontade de imitá-lo. Ele escolheu o lugar mais belo e no centro de cada parede para ali instalar um quadro elaborado com todo o seu talento; e o vazio ao redor, encheu-o de grutescos,[12]

---

[12] Em francês, *grotesque*. O *Aurélio* distingue, em português, o adjetivo "grotesco", no sentido de monstruoso, disforme, bizarro, do substantivo plural "grutescos", ornatos em forma de folhas, caracóis, rochas, imitando uma gruta; são uma espécie de arabesco. Mas em francês a mesma grafia serve para os dois sentidos, de monstruosidade e de ornamento. Exemplos de ornamentos extravagantes, com figuras fantásticas, podem ser encontrados no livro de Gustav Hocke, *Maneirismo: o Mundo Como Labirinto*. São Paulo: Perspectiva/Edusp, 1974.

que são pinturas fantasiosas cuja única graça está na variedade e na estranheza. O que são estes [ensaios] também, na verdade, senão grutescos e corpos monstruosos, remendados com membros diversos, sem forma determinada, não tendo ordem, nexo nem proporção [...]?" (I, 28, p. 273-4)

Dizendo-se incapaz de pintar o quadro principal, Montaigne teria assim se encarregado, com seus ensaios, de fornecer apenas os grutescos em volta do texto de La Boétie. "Meu talento não vai tão longe a ponto de ousar tentar um quadro rico, polido e formado de acordo com a arte. Resolvi tomar emprestado um de Étienne de La Boétie, que honrará todo o restante do meu trabalho. É um discurso a que deu o nome de *A Servidão Voluntária* [...]." (I, 28, p. 274)

Coube ao crítico e escritor Michel Butor[13] destacar o papel desse texto ausente na organização interna do primeiro volume dos *Ensaios*, analisando com minúcia o jogo de simetrias, até aritméticas, que preside a disposição dos capítulos. Importa sobretudo observar que, de executor testamentário e editor das obras de um amigo morto, Montaigne se transforma, ele próprio, em escritor. Em vez de um "túmulo", de um mausoléu em memória de La Boétie, temos uma obra que vai, aos poucos, se constituindo como um auto-retrato de Montaigne.

É assim que os *Ensaios*, ao funcionarem como um espelho ou um retrato de Montaigne e, ao mesmo tempo, como uma carta íntima, cujo destinatário seríamos nós, existem como que para suprir uma dupla ausência: a de La Boétie como autor de uma obra importante, e a de La Boétie como o leitor, o interlocutor, de Montaigne.

---

[13] *Essais sur les* Essais. Paris: Gallimard, 1968.

É certo que Montaigne lamenta a ausência de La Boétie; mas as coisas nunca são unívocas em seus textos. É comum – veremos isto em outras ocasiões – que ele se desminta, mude de opinião, pareça contraditório. E por que não? Nada mais "maravilhosamente vão, ondulante e diverso" (I, 1) do que o homem; seguindo o propósito de retratar-se fielmente, Montaigne não terá receio em mostrar-se diferente de si mesmo, conforme a ocasião.

Assim, ainda que não deixe nunca de sofrer com a morte do amigo, Montaigne também afirma: "quando estávamos juntos, uma parte permanecia ociosa: confundíamo-nos um no outro. A separação espacial tornava mais rica a conjunção de nossas vontades. Essa fome insaciável da presença corporal denuncia de certo modo a fraqueza na fruição das almas" (III, 9, p. 294). É como se a imagem de La Boétie, ou sua existência como destinatário de cartas fictícias, sua função de "correspondente" à distância, desse a Montaigne uma inteireza que, junto do amigo, fundindo-se a ele, seria impossível de obter.

O procedimento clássico de, escrevendo cartas a amigos, entregar-se a reflexões morais e comentários cotidianos encantou Montaigne. As *Cartas a Lucílio*, de Sêneca (4-65 d.C.), as *Familiares* e as *Cartas a Ático*, de Cícero (106-43 a.C.), são exemplos da literatura latina em sua forma mais livre, mais pessoal. Seriam, ao lado das *Obras Morais* de Plutarco (c. 46-102? d.C.), como que a raiz, a pré-história do gênero do "ensaio" que Montaigne iria inaugurar.[14]

Mas Montaigne não quis dar aos seus ensaios a forma de cartas. A quem endereçá-las? A algum amigo imaginário? No ensaio intitulado "Consideração Sobre

---

[14] Cf. o artigo de François Rigolot, "Montaigne's Purloined Letters". Em: Dikka Berven (ed.), *Reading Montaigne*. New York/London: Garland, 1995.

Cícero", Montaigne explica: "teria adotado mais facilmente essa forma [a das cartas] de publicar minhas elucubrações se tivesse a quem falar. Era-me preciso, como tive outrora, um certo comércio [uma amizade] que me atraísse, que me sustentasse e elevasse. Pois parlamentar no ar, como outros, eu não saberia exceto em sonhos, nem forjar nomes vazios com quem falar de coisa séria: inimigo jurado de toda falsificação" (I, 40, p. 375-6).

A ausência de La Boétie teria privado Montaigne de um "destinatário" para seus escritos: ele segue afirmando que "teria sido mais atento e firme tendo um endereço forte e amigo do que sou voltando-me para as muitas faces de uma multidão" (ibid., p. 376).

Curiosamente, vemos aqui Montaigne abandonar aquele fim a que se propunha, o de escrever um livro endereçado a uns poucos amigos e parentes, para admitir que se dirigia a um público mais amplo. Em outras passagens, ademais, Montaigne parece até dispensar a figura de um amigo, sugerindo que podemos muito bem nos entreter com nós mesmos: "temos uma alma que pode se recurvar em si mesma; ela pode se fazer companhia; tem como atacar e como defender, como receber e como dar" (I, 38, p. 359). No mesmo ensaio, intitulado "Da Solidão", Montaigne vai além: "vós e um companheiro sois teatro suficiente um para o outro, ou vós para vós mesmos" (I, 38, p. 369).

É como se, voltando-se para si mesmo, traçando seu auto-retrato, Montaigne se dobrasse, se duplicasse, tornando de alguma forma dispensável o interlocutor. Se isso entra em contradição com todo o sentimento de luto por La Boétie, não se trata exatamente de um problema para Montaigne. "Talvez me contradiga", diz ele em outra ocasião, "mas não contradigo a verdade." (III, 2, p. 29) Se, com efeito, o seu auto-retrato é contraditório, a própria duplicação de si mesmo tende a funcionar como uma justificativa para as diferentes atitudes que Montaigne manifesta com relação ao público, aos leitores, aos amigos.

No ensaio "Da Glória", Montaigne admite: "[...] não sei como, somos duplos em nós mesmos, o que nos faz não acreditar no que acreditamos e não nos podermos desembaraçar do que condenamos" (II, 16, p. 431). E, em "Da Inconstância de Nossas Ações", encontramos um auto-retrato que parece negar toda possibilidade de auto-retrato: "Tímido, insolente; casto, luxurioso; tagarela, taciturno; robusto, delicado; engenhoso, estúpido; triste, bem-humorado; mentiroso, sincero; sábio, ignorante, e liberal, e avaro, e pródigo, tudo isso vejo em mim de alguma forma [...] nada tenho a dizer sobre mim de forma integral, simples e sólida, sem confusão e mescla, nem em uma só palavra" (II, 1, p. 9-10).

Estamos bem longe do propósito anunciado por Montaigne no início dos *Ensaios*, o de que gostaria de pintar-se "inteiro e nu". A "inteireza" do autor se desdobra, se divide; e, se o livro se destinava a manter, entre amigos e parentes, a memória de quem foi Montaigne, podemos dizer que ocorre, nos *Ensaios*, um processo semelhante àquele que orientou a publicação dos escritos de La Boétie. Querendo publicá-los em separado, para "multiplicar a memória" do amigo, Montaigne de certo modo prefigurou uma experiência de "despedaçamento", de separação, de multiplicação de si mesmo, que tem nos *Ensaios* o seu palco. Arabesco, ornamento, grutesco em torno da memória de um amigo; auto-retrato; diálogo com o leitor e consigo mesmo; experiência do "eu" como algo duplo, múltiplo, inconstante: os *Ensaios* de Montaigne parecem irradiar-se em várias direções; o mais estranho é que todas essas direções parecem vir ao nosso encontro.

3. A COMPOSIÇÃO DOS ENSAIOS

Marchetaria mal colada", "feixe de flores alheias", "pensamento [que expresso] em itens desconexos", "miscelânea que vou garatujando", "quimeras e monstros fantásticos, uns sobre os outros, sem ordem nem propósito", "rapsódia"...[15] Não faltam as comparações em que Montaigne aproxima seu livro de uma colcha de retalhos, em que sugere algo como um desmembramento, uma colagem, uma disjunção. No século 17, o escritor Guez de Balzac anotava, sobre Montaigne: "seu discurso não é um corpo inteiro; é um corpo em pedaços; são membros cortados; e, ainda que as partes estejam próximas umas das outras, não deixam de estar separadas [...]. Montaigne sabe bem do que está falando, mas nem sempre sabe o que vai falar em seguida".[16]

[15] Respectivamente: III, 9, p. 273; III, 12, p. 417; III, 13, p. 450; III, 13, p. 454; I, 8, p. 46; I, 13, p. 70.

Não será absurdo, assim, se nos aproximarmos dos *Ensaios* notando de que tipo de coisa cada um deles se compõe, as diferentes modalidades de escrita que se combinam e se alternam em cada capítulo. Há os trechos confidenciais, em que Montaigne fala de si mesmo; há outros, mais impessoais, com anedotas, narrativas históricas, registros de acontecimentos contemporâneos; cada ensaio é também cravejado de citações clássicas, que a maioria das edições grafa em separado, fazendo-as saltar, em itálico, do corpo do texto. Distinguir as diferentes "peças" de que é feito um ensaio talvez seja a melhor maneira de descrever o que acontece quando o lemos.

Uma observação antes disso, porém: a idéia da "colcha de retalhos" não está presente apenas quando Montaigne fala a respeito de seus escritos; é a própria experiência humana que também é assim, e os *Ensaios*, nesse aspecto, se assemelham mais do que nunca a seu próprio objeto. "Nosso fato são apenas peças emendadas entre si", diz Montaigne em "Da Inconstância de Nossas Ações". Alguns parágrafos adiante, continua: "todos somos retalhos, e de uma contextura tão disforme e diversa que cada peça, cada momento, faz seu jogo. E observa-se tanta diferença de nós para nós mesmos quanta de nós para outrem" (II, 1, p. 11-2). Também a atividade da leitura, para Montaigne, se faz segundo uma espécie de desordem, de despedaçamento: "folheio ora um livro, ora outro, sem ordem e sem objetivo, em fragmentos desconexos; ora divago, ora registro e dito, caminhando, meus devaneios que aqui estão" (III, 3, p. 65).

Vejamos, então, os elementos que constituem o livro de Montaigne.

---

[16] Apud Boutaudou, op. cit., p. 155.

O TÍTULO

"Ensaio", em francês *essai*, vem do latim *exagium*, que significa peso, ato de pesar;[17] é parente próximo de "exame", que originariamente também tinha o significado concreto de pôr na balança, pesar. Se, como gênero literário, tem antecedentes em diversos tipos de composição que se apresentam como "miscelânea", "discursos", "selva" ou "floresta",[18] Montaigne foi o primeiro a usar o termo para designá-lo. Ainda hoje, em francês, *essai* significa "tentativa". Por vezes, é esse o sentido em que a palavra aparece no texto montaigniano – um exercício de escrita, um rascunho, algo não-definitivo. Tem também o sentido de "prova", como em "provar um vinho", por exemplo. Trata-se, então, de "pôr à prova" os próprios pensamentos, ver se se sustentam; e de pôr à prova pensamentos alheios, confrontando-os (pesando-os) uns contra os outros. *Essai* também tem o sentido de "experiência", como em "experiência de vida", "experiência interessante pela qual passei".

Nada mais adequado a um texto literário em que a discussão de idéias se faz de modo pessoal, abrindo-se à dúvida e à autocorreção. Uma idéia, uma frase ou uma obra de determinado autor são como que "provadas" conforme o paladar do ensaísta, que as "experimenta" em si mesmo, assim como um fato de sua

---

[17] Seguimos aqui o livro de Hugo Friedrich, *Montaigne*. Trad. francesa de Robert Rovini. Paris: Gallimard, 1968 [1949], p. 354 ss.

[18] *Miscelâneas*, de Angelo Poliziano, *Discursos Políticos e Militares*, de François de la Noue, *Selva*, coleção de 120 "discursos" de Pedro Mexía, são alguns títulos do século 16 que se assemelham ao gênero praticado por Montaigne. A informação vem de Peter Burke, *Montaigne*. Trad. espanhola Vidal Peña. Madrid: Alianza, 1985, p. 82.

vida pessoal ou um episódio histórico têm de ser interiorizados, reelaborados no íntimo, para constituir-se em matéria escrita.

É freqüente, em Montaigne, o uso de imagens associadas à absorção, à assimilação de alimentos, quando trata da atividade intelectual. Algumas imagens são bonitas; outras, nem tanto. Num de seus mais famosos ensaios, "Da Educação das Crianças", Montaigne critica a severidade e a estreiteza da pedagogia de seu tempo, interessada em fazer da criança uma máquina de decorar lições. "É prova de crueza e de indigestão regurgitar o alimento como foi engolido" (I, 26, p. 225); pouco depois, Montaigne muda de registro: "as abelhas sugam das flores aqui e ali, mas depois fazem o mel, que é todo delas: já não é tomilho nem manjerona" (ibid., p. 227). Em outro momento, a imagem com que caracteriza seu livro não é lisonjeira: "estão aqui, um pouco mais civilizadamente, excrementos de um velho espírito, ora firme, ora relaxado, e sempre indigesto" (III, 9, p. 246).

O fato é que o termo "ensaio" até hoje sugere um jogo entre modéstia e ousadia no pensamento, entre certo descompromisso especulativo e a exigência de grande fidelidade a si mesmo. O mundo dos fatos, das obras de arte, dos livros famosos, das discussões políticas, o mundo "objetivo", enfim, passa a ser tratado como matéria-prima da experiência pessoal; reflete-se no "eu" do ensaísta, assim como serve para refleti-lo também. O jogo é infinito, pode começar em qualquer lugar e terminar quando bem se entende; a variedade das coisas, dos livros, dos homens, é fonte de espanto e reconforto para o ensaísta, que considera cada objeto como um estilhaço, como um fragmento quebrado do mundo, a ser tomado para sua reflexão.

OS CAPÍTULOS

É assim que qualquer coisa pode ser "assunto" de um ensaio de Montaigne. Dentre os mais de 50 capítulos do primeiro volume, encontramos desde títulos genéricos ("Da Tristeza", "Da Solidão", "Da Idade") até alguns que se propõem a examinar coisas bem específicas ("Se o Chefe de uma Praça Sitiada Deve Sair Para Parlamentar", "Do Hábito de Vestir-se", "Dos Cheiros"). Os ensaios mais antigos, que Montaigne começou a escrever em 1572, têm muitas vezes o caráter de simples compilação de ensinamentos e fatos memoráveis, sem maiores intervenções do autor. Muitos títulos lembram o propósito educativo e político dos textos destinados a jovens nobres, ou a homens de ação, comuns durante a Renascença. "Uma Característica de Alguns Embaixadores", "É Punido Quem Desarrazoadamente se Obstina em Defender uma Praça" – temas desse tipo poderiam estar num livro de Maquiavel (1469-1527),[19] que, como Montaigne, tende muitas vezes a discutir os pró e os contra de determinada ação política, sem inferir regras imutáveis de conduta. O papel da "fortuna", diga-se de passagem, é tão marcante em Montaigne quanto em Maquiavel, projetando sobre toda recomendação prática uma sombra de indecidibilidade e desacerto.

No segundo volume, o número de capítulos reduz-se para 37, mas a heterogeneidade continua. Há textos curtíssimos, como "Dos Polegares", reunindo apenas curiosidades esparsas sobre o assunto; e o mais

---

[19] A esse respeito, ver Jean Lacouture, *Montaigne a Cavalo*. Trad. F. Rangel. Rio: Record, 1998, cap. 8.

longo ensaio de todos, a "Apologia de Raymond Sebond", de que voltaremos a falar.

Os dois primeiros volumes dos *Ensaios* foram publicados em 1580; o terceiro volume, que surgiu em 1588, tem menor número de capítulos (13), todos mais longos, mais digressivos e pessoais, com títulos que indicam bem pouco o assunto a ser tratado. "Dos Coches", por exemplo, começa indagando "de onde vem esse costume de abençoar quem espirra"; trata em seguida do enjôo nas viagens de navio; mais adiante, Montaigne diz preferir andar a cavalo a andar de carruagem. Daí o tema "dos coches" – mas o verdadeiro assunto do ensaio é a crítica às barbaridades cometidas pelos espanhóis na conquista da América. A voz de Montaigne alcança, aqui, uma eloqüência que condiz pouco com a imagem de ceticismo amável, algo indiferente, que está associada a seu nome: "tantas cidades arrasadas, tantas nações exterminadas, tantos milhões de pessoas passadas a fio de espada, e a mais rica e bela parte do mundo convulsionada para a negociação de pérolas e de pimenta: mesquinhas vitórias! Jamais a ambição, jamais as inimizades públicas impeliram os homens uns contra os outros em hostilidades tão horríveis e calamidades tão miseráveis" (III, 6, p. 192).

Argumenta-se com freqüência que o hábito de usar títulos sem muita relação com o real assunto do ensaio servia a Montaigne para fugir da vigilância da censura. Uma defesa bem pouco católica do suicídio aparece sob o título "Costume da Ilha de Céos": "Tudo resulta no mesmo, quer o homem busque o seu fim, quer o aceite; de onde quer que venha, ele é sempre o seu; em qualquer ponto que o fio se rompa, ele ali está inteiro, é a ponta final do fuso. A morte voluntária é a mais bela" (II, 3, p. 31).

"Perder o fio" é, de qualquer modo, uma das especialidades de Montaigne, e um dos segredos de seu encanto. Assim que nos acostumamos a perceber que o autor não segue à risca as promessas do título, não só ficamos preparados para lê-lo com um sorriso nos lábios ("ah, lá vai ele se perdendo de novo..."), como também nos despimos de qualquer expectativa; tudo pode acontecer num ensaio de Montaigne, tudo pode ser dito, tudo aparece sem nenhum aviso. "Vou em busca da variedade, de forma desmedida e tumultuosa." (III, 9, p. 321)

Mas o próprio Montaigne não permite que acreditemos inteiramente no desleixo, na desorganização de que se acusa. No ensaio "Da Vanidade", em que aliás cabe tudo, da economia doméstica às ruínas de Roma, ele admite: "Os nomes dos meus capítulos nem sempre lhes abarcam a matéria [...] aprecio o andamento poético, com saltos e cabriolas". Logo em seguida, depois de dizer que Plutarco fazia o mesmo, adverte: "é o leitor indiligente que perde meu assunto, não eu"; na mesma página, um pouco antes, sugere a existência de uma ordem secreta nos *Ensaios*: "minhas fantasias seguem umas às outras, mas às vezes de longe, e olham-se, mas com um olhar oblíquo" (III, 9, p. 321). Mais uma vez, portanto, Montaigne aproxima sua escrita da experiência do leitor; este, como o autor dos *Ensaios,* é levado a desconfiar, a duvidar daquilo que tem diante dos olhos, e da autoridade da palavra escrita.

AS CITAÇÕES

O "leitor indiligente" ou preguiçoso, que simplesmente abre uma página dos *Ensaios*, passando apenas os olhos pelo texto, percebe de imediato a quantidade de citações em latim de que Montaigne faz uso; em especial nos dois primeiros volumes, a impressão que se tem, até visualmente, é que o livro se compõe de uma colagem de frases de autores clássicos, que irrompem quase em toda página. Daí Montaigne, na frase já citada, dizer que seu livro é um "feixe de flores alheias" e que ele só fornecia "o fio para atá-las".

Eram comuns, no século 16, as compilações de frases célebres, de provérbios e de anedotas; numa época em que a posse de uma biblioteca particular era coisa rara, tais livros serviam como instrumentos de aquisição cultural, úteis para a formação do homem de corte, do bom conversador, do fidalgo polido; um grande humanista, como Erasmo de Roterdã, publicou, por exemplo, coleções de frases famosas comentadas, assim como livros de boas maneiras, dedicados à educação dos jovens da nobreza. Ou aos jovens da burguesia, que, como aconteceu na família do próprio Montaigne, tratavam de se nobilitar. O processo, na França, é convergente. Tanto a nobreza "de espada" tendia a perder a rudeza para, aos poucos, gravitar em torno da corte, quanto o saber humanístico se tornava a pedra de toque para se ascender da atividade comercial burguesa à elite burocrática da nobreza "de toga".

Montaigne possuía uma biblioteca de cerca de mil volumes. Foi em 1571, no dia de seu aniversário, 28 de fevereiro, que decidiu abandonar a vida política e entregar-se "ao seio das doutas musas", como diz a inscrição que mandou pintar numa parede de sua biblioteca, situada no terceiro andar da torre de seu castelo. Das suas leituras, assistemáticas e caprichosas, foi que começaram a surgir os *Ensaios*.

A familiaridade de Montaigne com a literatura latina vem, contudo, da infância. Seu pai contratou um preceptor alemão, bom latinista, que não sabia falar francês. "Junto com ele", conta Montaigne, "meu pai tinha dois outros [que] não conversavam comigo em outra língua que não a latina [...]. Em suma, latinizamo-nos tanto que isso transbordou para nossas aldeias em toda a volta, onde há ainda e se enraizaram pelo uso muitas denominações latinas de artesãos e ferramentas. Quanto a mim, passava dos seis anos sem ter ouvido mais o francês ou o perigordino[20] do que o árabe." (I, 26, p. 259)

Assim, enquanto as crianças de sua idade liam livros de cavalaria, Montaigne divertia-se com as *Metamorfoses* de Ovídio (43 a.C.-17? d.C.). Mais tarde, seus poetas preferidos seriam Virgílio (70-19 a.C.), Lucrécio (c. 99-c. 55 a.C.), Horácio (65-8 a.C.) e Catulo (c. 87-c. 57 a.C.) Entre os filósofos, já fizemos referência a Sêneca e Plutarco. As obras morais de Plutarco tinham sido recentemente traduzidas para o francês; Montaigne não tinha conhecimentos aprofundados de grego. Platão, ou melhor, a figura de Sócrates nos diálogos de Platão, é uma admiração da maturidade. Historiadores e cronistas, tanto clássicos como contemporâneos, atraem-no ainda mais, já que "o homem em geral, que procuro conhecer, neles aparece mais vivo e mais inteiro do que em qualquer outro lugar, a diversidade e autenticidade de suas características internas no todo e nos detalhes, a variedade das formas com que se agrupa e as ocorrências que o ameaçam", diz Montaigne no ensaio "Dos Livros" (II, 10, p. 127), em que se estende bastante sobre suas preferências literárias.

Hugo Friedrich, em seu *Montaigne*, faz um recenseamento minucioso dessas leituras e influências.

[20] Dialeto do Périgord, região onde se situava o castelo.

Chama também a atenção para os livros e autores que Montaigne cita pouco: Aristóteles, por exemplo. A ausência mais notável, entretanto, é outra: os *Ensaios* citam pouquíssimo a *Bíblia*. Às vezes, aparece alguma referência ao "Eclesiastes". Mas dos "Evangelhos", e de Jesus Cristo, quase nenhuma lembrança. Cumpre notar que, na época, a leitura da *Bíblia* era estimulada apenas entre os protestantes. De qualquer forma, o desinteresse de Montaigne por discussões teológicas e leituras piedosas contribui em muito para que seu livro nos pareça atual, moderno.

Efeito inverso é o que produzem as citações latinas; há 1.264 nos *Ensaios*. Ainda que todas as edições apresentem a tradução das referências feitas por Montaigne, tanta erudição tende a afugentar o leitor. Talvez não: situado nos inícios daquilo que entendemos por cultura moderna, o livro de Montaigne pode bem funcionar como porta de entrada para toda uma tradição clássica que poucos de nós se dispõem a explorar.

O fato é que muitas vezes as citações apenas reiteram o que Montaigne acabou de dizer. Têm um papel quase de interjeição, uma função "exclamativa", se podemos dizer assim. Se Montaigne tinha mandado pintar, nas vigas de sua biblioteca, várias frases de autores gregos e latinos que o inspiravam, as citações de que faz uso nos *Ensaios* funcionam também como "vigas" a estruturar, a travejar, um fluxo de idéias que parece não ter fim. Vejamos um exemplo, entre muitos possíveis.

No ensaio "Dos Livros", Montaigne compara a *Eneida*, de Virgílio, ao *Orlando Furioso*, de Ariosto (1474-1533). O poema de Virgílio, diz Montaigne, tem uma inspiração constante, nunca fraqueja. O de Ariosto, contudo, parece "voejar e saltitar de conto em conto como de galho em galho, confiando em suas asas apenas para um trajeto bem curto, e tomar pé em cada trecho de campo, de medo que o fôlego e a força lhe faltem" – e agora Montaigne coloca uma citação – "*excursusque breves tentat*". "As corridas que ele tenta são curtas." (II, 10, p. 121) É um fragmento das *Geórgicas,* outro poema de Virgílio, em que se descreve a faina das abelhas. Certamente, a menos que se encontre aí algum subentendido muito sutil, a lembrança desse verso pouco acrescenta ao que Montaigne já tinha dito. É um ornamento, ou talvez uma "respiração", uma tomada de fôlego justamente, no discurso.

Às vezes, contudo, a citação traz como que uma metáfora embutida. No ensaio sobre a educação das crianças, Montaigne defende que se ensine desde bem cedo a filosofia; é melhor que as crianças logo aprendam a necessidade da virtude e da moderação. Não há por que tardar nessa matéria. "Cem escolares já terão contraído a sífilis antes de chegar à sua aula de Aristóteles sobre a temperança", afirma (I, 26, p. 244). A frase vinha precedida de uma citação de Pérsio (34-62 d.C.), cujas relações com o tema parecem algo longínquas: "*Udum et molle lutum est; nunc nunc properandus et acri/ Fingendus sine fine rota*". "A argila é mole e úmida; depressa, depressa, apressemo-nos, e moldemo-la na roda rápida que gira sem fim." O interessante é que, no mesmo ensaio, Montaigne diz que se deve antes aprender com a vida, com a experiência concreta, do que com os livros. Pergunta se seria possível a um mestre de dança ensinar a seus discípulos sem que estes se levantassem da cadeira, assim como alguns "querem ensinar-nos a bem julgar e a bem falar sem nos treinar nem em falar nem em julgar. Ora, para essa aprendizagem, tudo o que se apresenta a nossos olhos serve de livro eficiente: a malícia de um pajem, a tolice de um criado, uma conversa à mesa, tudo são matérias novas" (I, 26, p. 228).

Estaremos diante de mais uma contradição? Montaigne sempre afirma detestar o saber livresco. No ensaio "Do Pedantismo", diz que "tanto nos deixamos levar nos braços dos outros que anulamos nossas forças. Desejo armar-me contra o temor da morte? Faço-o à custa de Sêneca". Tanta erudição não é suficiente, pois, "mesmo que pudéssemos ser eruditos com o saber de outrem, pelo menos sábios só podemos ser com nossa própria sabedoria" (I, 25, p. 205-6). Logo depois de dizer isso, contudo, Montaigne enfileira quatro citações em seguida, de Eurípides (484-406 a.C.), de Cícero, de Juvenal (c. 55-? d.C.) e de Cícero novamente, para confirmar aquele ponto de vista. O texto parece desarmar-se a si próprio.

Acontece que, em várias ocasiões, o prazer de Montaigne está em contrapor uma opinião a outra, uma citação de filósofo célebre à de outro filósofo, em sentido inverso. O acúmulo de referências eruditas vai criando, no decorrer dos *Ensaios*, uma espécie de labirinto, em que a autoridade dos clássicos termina se dissolvendo à medida que é invocada o tempo todo, e o ato de invocar essa autoridade é, ele próprio, desautorizado.

É bem a experiência do fidalgo a quem convém desprezar o dogmatismo das escolas e o esforço meio "operário" de professores, intelectuais e humanistas que se esgotam em minúcias de interpretação. Surge como "amador", como "recém-chegado" a um universo de querelas e de constantes recursos à autoridade dos clássicos, aos quais respeita ambiguamente. Seu livro foi o primeiro texto filosófico a ter sido escrito em francês. Montaigne lê por prazer, escreve por desfastio, compraz-se, de certa forma, numa desordem intelectual que é a de seu mundo – dividido na religião, com a Reforma, e duplicado no espaço, com a descoberta da

América. Em meio a essa desordem, a essa riqueza, a essa variedade, ele se encontra como que sozinho, só tendo a si mesmo para se agarrar. Mas ele próprio é mutável, inconstante, múltiplo, contraditório; seu auto-retrato será, necessariamente, o retrato do que o cerca, de tudo aquilo que ele não é, e o texto que escreve será também o dos autores que cita.

Cita explicitamente; ou então plagia. Claro que a noção de plágio não estava tão tipificada como ocorre hoje. As últimas páginas da "Apologia de Raymond Sebond" (II, 12) copiam Plutarco. O ensaio "Dos Canibais" faz uso de longas passagens da *Viagem à Terra do Brasil*, que Jean de Léry publicou em 1578, e da *História Natural do Novo Mundo*, de Benzoni, cujos trechos ele "copiou quase literalmente"; é o que diz Afonso Arinos de Mello Franco, em seu *O Índio Brasileiro e a Revolução Francesa*.[21]

Inserir sem aviso uma passagem clássica no próprio texto é algo que Montaigne condena: "os escritores levianos de nossa época, que no meio de suas obras nulas vão semeando passagens inteiras dos autores antigos, para enaltecer-se, fazem o contrário [de enaltecer-se]. Pois a infinita dessemelhança de lustres dá ao que é deles um aspecto tão pálido, tão embaciado e tão feio que com isso perdem muito mais do que ganham" (I, 26, p. 219).

Só que o "plágio" também pode ser uma boa idéia: "faço os outros dizerem o que não consigo dizer bem, ora por fraqueza de minha linguagem, ora por fraqueza de meu senso [...] nos raciocínios e idéias que transplanto para meu solo e misturo com os meus, por vezes deixei propositalmente de assinalar-lhes o

[21] Rio de Janeiro: Topbooks, 3. ed., 2000; p. 172.

autor, para pôr um freio à ousadia dessas críticas apressadas que se atiram sobre toda espécie de escritos [...]. Quero que eles dêem um piparote em Plutarco pelo meu nariz, e que se escaldem injuriando Sêneca em mim" (II, 10, p.115).

Novamente, encontramos aqui uma astúcia um tanto ingênua, uma espécie de "vocês não me pegam", em que a confissão de um ou outro deslize parece ser motivo de orgulho; mas um orgulho tanto mais simpático quanto se finge de modesto. Não saberemos nunca se Montaigne está sendo falso ou verdadeiro em sua modéstia. Sua artimanha, que para nosso prazer nos derrota sempre, é a de ostentar não uma falsa modéstia diretamente para os outros, para "o público", mas uma falsa modéstia que surge no momento em que ele parece estar falando consigo mesmo.

Isso era o que mais irritava Jean-Jacques Rousseau, que nas suas *Confissões* reivindica a primazia na autoacusação: Montaigne, diz, "mostra-se com seus defeitos, mas só atribui a si os que são amáveis; [...] pinta-se como é, mas de perfil".[22]

Um dos defeitos que Montaigne não cessa de admitir é a falta de memória. Ele, que parece ter à mão todas as citações e fazer uso de todos os livros à sua disposição, logo num dos primeiros ensaios faz questão de assinalar: "praticamente não reconheço em mim vestígio dela, e não creio que haja no mundo uma outra tão prodigiosa em insuficiência. Tenho banais e comuns todas as minhas outras qualidades. Mas nesta creio ser singular e muito raro, e digno de por ela ganhar nome e fama" (I, 9, p. 46). Curiosamente, o capítulo que se inicia desse modo se chama "Dos Mentirosos". O que

---

[22] Apud Boutaudou, op. cit.; p. 115.

faz sentido, indiretamente, pois é fato conhecido, desde Quintiliano (c. 30-c. 96 d.C.) pelo menos, que todo mentiroso deve ter boa memória, para não confundir-se a respeito das histórias que inventou. Montaigne diz, contudo, que a falta de memória lhe foi vantajosa, pois "facilmente eu iria deitando e enlanguescendo meu espírito e discernimento sobre os rastros de outrem, como faz o mundo, sem exercer suas próprias forças, se as idéias e opiniões alheias estivessem presentes em mim pelo benefício da memória" (ibid., p. 49).

Assim também o leitor de Montaigne se deixa levar ao sabor das instabilidades, das variações de julgamento que os *Ensaios* apresentam sem cessar, concordando com o bom senso do autor, seja quando ele diz uma coisa, seja quando afirma o seu contrário. Eis, de resto, uma das maneiras pelas quais esse espírito tolerante nos ensina a tolerância.

Haveria também uma função "histórica" nessa falta de memória repleta de erudição. Com Montaigne, passa-se a tomar o saber clássico, a tradição greco-romana, não mais como "autoridade" indiscutível, mas como "repertório" circunstancial; não como fonte de dogma, mas como ilustração. É o que diz Terence Cave, em "*The Mimesis of Reading in the Renaissance*",[23] que menciona os estudos de Antoine Compagnon e Marc Fumaroli sobre a mudança na função e no uso das citações eruditas na passagem do século 16 para o 17: deixa-se de usar a citação como comprovação de uma verdade ou de um dogma, para se passar a um uso mais livre e pessoal da tradição. Mudança que Montaigne parece apoiar, quando afirma, em tom

[23] Em: *Reading Montaigne*, op. cit.; p. 131-2. Ver. também Michael Metschies, *La Citation et l'Art de Citer dans les* Essais *de Montaigne*. Paris: Honoré Champion, 1997.

crítico, que "há mais livros sobre livros do que sobre outro assunto: só o que fazemos é glosar-nos mutuamente" (III, 13, p. 438).

OS CASOS, *EXEMPLOS E ANEDOTAS*

Apesar de todo o seu gosto pela literatura clássica, Montaigne certamente não desprezaria a "imprensa popular", se uma coisa dessas existisse em sua época. Histórias escabrosas, fofocas sobre celebridades, notícias sensacionalistas, curiosidades de almanaque teriam tudo para atrair o seu interesse. "Sou humano, nada do que é humano me é estranho": a frase de Terêncio (c. 190-c. 159 a.C.), que consta entre as inscrições de sua biblioteca, não só é citada por Montaigne, como é reinterpretada por ele de uma forma bem moderna, "psicológica" e "democrática" aos nossos ouvidos: "cada homem", diz, "porta em si a forma integral da condição humana" (III, 2, p. 29).

Parte significativa dos ensaios é ocupada por narrativas curiosas, que Montaigne colheu tanto nos livros de história como em conversas casuais. Por vezes, servem-lhe de ilustração para uma tese, para um pensamento; outras vezes, encadeiam-se umas às outras pelo simples prazer do registro. Montaigne gosta de surpresas abruptas e de fatos extravagantes. Mais do que isso, tem o dom de se surpreender com tudo e, ao mesmo tempo, de considerar tudo natural; o incompreensível, o bizarro são como que seu elemento, a matéria mesma do universo.

Habituar-se a essa incompreensibilidade, naturalizar o aberrante, é um exercício, um "ensaio", para o qual tendem, provavelmente, todos os esforços de Montaigne.

Tendem, apenas; pois esgotar a capacidade de surpreender-se seria renunciar, sem dúvida, a tudo o que nos oferece a vida. O hábito, o costume, é ao mesmo tempo o adversário e o companheiro de Montaigne; fonte de serenidade e ameaça de aniquilação. Um conformismo sem rigidez, um conformismo da flexibilidade e da surpresa, seria como que o seu ideal de sabedoria.

Como muitos outros, o ensaio intitulado "Do Costume e de Não Mudar Facilmente uma Lei Aceita" começa justamente com uma das anedotas de que Montaigne é pródigo: "Parece-me que compreendeu muito bem a força do costume quem primeiro inventou aquela história de que uma aldeã, tendo aprendido a acariciar e trazer nos braços um bezerro desde a hora de seu nascimento, e continuando sempre a assim fazer, pelo hábito ganhou isto: que ele já era boi adulto e ela o carregava ainda" (I, 23, p.163).

Nesse caso, pelo menos, Montaigne considera que a história foi inventada. Mas nem sempre julga necessário tomar tal precaução; é comum que se refira a casos inverossímeis como se acreditasse neles. Um dos mais famosos é o do garoto da Lacedemônia que, "ao furtar uma raposa (pois eles temiam a vergonha da inabilidade no roubo ainda mais do que nós tememos seu castigo) e colocá-la sob sua capa, preferiu que ela lhe roesse o ventre para não ser descoberto" (I, 14, p. 85).

Essa história é lembrada num ensaio chamado "Que o Gosto dos Bens e dos Males Depende em Boa Parte da Opinião Que Temos Deles". O título diz muito a respeito da inclinação de Montaigne para relativizar os fatos, para não tomar nada como certo. Se há muita "psicologia", muito ceticismo, em sua atitude, o curioso é que ele usa, para corroborar esse modo de pensamento, uma anedota claramente fantasiosa como se fosse o fato mais comprovado do mundo.

Haveria uma "credulidade" desse suposto cético? Podemos entendê-la como mais uma forma de sua malícia; e a anedota de uma raposa que rói as entranhas de um garoto pode bem servir como metáfora do próprio estratagema de Montaigne: a raposa do relativismo, do ceticismo, da dúvida, está escondida sob a capa do tom ingênuo e inocente da narração.

Muitas vezes, contudo, as histórias se acumulam sem motivo. No ensaio "Dos Nomes", por exemplo, Montaigne conta o caso de um devasso que, procurando prostitutas, topou com uma de nome Maria e "sentiu-se tão vivamente tomado de escrúpulo e de respeito por esse nome tão sacrossanto da Virgem, mãe de nosso Salvador, que não apenas mandou embora a prostituta como se emendou para todo o restante de sua vida" (I, 46, p. 410). Três parágrafos antes disso, fala de um banquete em que foram servidos pratos que começavam com a letra M. É difícil saber o que significa essa sucessão de anedotas. Mas o ensaio é analisado com minúcia num livro de Antoine Compagnon.[24]

"Quantas histórias divulguei que não dizem palavra", confessa Montaigne em sua "Consideração Sobre Cícero". Com as quais, continua, "quem quiser esmiuçá-las um tanto engenhosamente produzirá infinitos *Ensaios*" (I, 40, p. 374). A mesma atitude de entregar a outrem os comentários de um episódio relatado se repete no ensaio "De uma Criança Monstruosa": "Esta narrativa correrá muito simples, pois deixo aos médicos dissertar sobre ela", começa Montaigne (II, 30, p. 569). Ele conta então ter visto uma criança que, "abaixo dos mamilos, era presa e colada a uma outra criança sem cabeça [...] como se uma criança menor quisesse abra-

---

[24] *Nous, Michel de Montaigne*. Paris: Seuil, 1980.

çar outra maiorzinha [...] a junção se fazia entre os mamilos e o umbigo [...] aquilo que não estava colado, como braços, nádegas, coxas e pernas da imperfeita, ficava pendente e balançando sobre a outra e lhe chegava até a metade da perna".

Depois dessa descrição, que prometera não comentar, Montaigne acrescenta, contudo, considerações de ordem bem diversa. Talvez a existência dessa criança fosse um prognóstico de que católicos e protestantes poderiam conviver em harmonia no reino; a história da França, na época de Montaigne, alternava políticas de conciliação religiosa com seguidas guerras entre os dois partidos. Logo em seguida, Montaigne abandona essa especulação, "pois convém adivinhar apenas em coisas terminadas" (II, 30, p. 570). O ensaio recomeça, então, descrevendo outro caso de defeito congênito: um pastor "que não possui o menor sinal das partes genitais: tem três orifícios por onde urina sem parar." E a esse novo caso, como que "irmão xifópago" do primeiro, junta-se outro comentário: "o que chamamos de monstros não o são para Deus, que vê na imensidade de sua obra a infinidade de formas que nela incluiu [...] chamamos de contra a natureza o que acontece contra o costume: tudo o que acontece está de acordo com ela, o que quer que seja". Nada nos deve espantar, portanto – basta que não tomemos como regra aquilo que é simplesmente corriqueiro, e que não confundamos o natural com aquilo que é apenas nosso hábito.

OS ACRÉSCIMOS

Ao longo do tempo, Montaigne foi acrescentando novas passagens e comentários aos capítulos já escritos, de modo que há três "camadas" de texto nos *Ensaios*. Os dois primeiros volumes foram publicados em 1580. Em 1588, foram reeditados com muitos acréscimos, junto com o terceiro volume. Depois da morte de Montaigne, encontrou-se um exemplar da edição de 1588; continha novas adições, escritas de próprio punho à margem do texto. Esse exemplar, dito "exemplar de Bordeaux", foi publicado em 1595.

Graças aos esforços de grandes eruditos como Pierre Villey e Fortunat Strowski, no início do século 20, as modernas edições dos *Ensaios* normalmente identificam quais os trechos que constavam da primeira edição, quais os acréscimos de 1588 e quais os de 1595, usando respectivamente as letras A, B e C entre parênteses.

Pode parecer incômodo para o leitor ir topando, no meio de uma frase ou de um parágrafo, com essas letras, que, afinal, têm tudo para interessar apenas ao especialista. Mas não é difícil se acostumar com essas indicações filológicas; muitas vezes, aliás, são reveladoras e até emocionantes. Em primeiro lugar, vemos Montaigne como que se autocomentando; uma frase, um pensamento que já pareciam satisfatórios em si mesmos ganham do próprio autor uma resposta, um retoque, e temos a impressão de estar diante de uma pessoa real, que conversa conosco, que se cala e que, após um breve silêncio, se lembra de mais uma coisa para dizer, dando uma pausa e retomando em seguida o ritmo do discurso.

O exemplo mais famoso de acréscimo feito por Montaigne ao próprio texto é o de uma frase que já citamos no final do primeiro capítulo, a respeito de sua amizade com La Boétie. O texto da primeira edição (A) dizia o seguinte: "se me pressionarem para dizer por que o amava, sinto que isso não pode ser expresso". É só na edição de 1595 que aparece o acréscimo à frase: "...isso só pode ser expresso (C) respondendo: 'porque era ele; porque era eu'" (I, 28, p. 281). O exemplar de Bordeaux, aliás, mostra esse comentário marginal escrito em tons diferentes de tinta: primeiro "porque era ele" apenas; depois, num acréscimo ao acréscimo, "porque era eu". Difícil não sentir, quando se toma contato com os diferentes estágios da escrita do livro, a presença viva do seu autor.

Algumas adições parecem modificar ousadamente o sentido do texto. Na "Apologia de Raymond Sebond" – teoricamente uma defesa do cristianismo contra as pretensões da razão humana –, Montaigne escreve um parágrafo que, de início, parece uma crítica à religião pagã: "As coisas mais ignoradas são mais próprias para serem deificadas. Por isso, fazer de nós deuses, como a Antigüidade, ultrapassa a extrema fraqueza de raciocínio. Eu ainda teria preferido seguir os que adoravam a serpente, o cão e o boi, pois sua natureza e seu ser nos são menos conhecidos [...] mas haver feito deuses de condição igual à nossa, cuja imperfeição devemos conhecer, haver-lhes atribuído o desejo, a cólera, as vinganças, os casamentos, as procriações e os parentescos, o amor e o ciúme, nossos membros e nossos ossos, nossas ânsias e nossos prazeres, isso deve ter provindo de uma espantosa embriaguez do espírito humano" (II, 12, p. 275).

Até aqui, tudo certo. Mas a edição de 1595 (C) pôs algumas palavras a mais nesse texto. Voltemos um pouco: "mas haver feito deuses de condição igual à nossa, cuja imperfeição devemos conhecer, haver-lhes atribuído o desejo, a cólera, as vinganças, os casamentos, as procriações e os parentescos, o amor e o ciúme, nossos membros e nossos ossos, nossas ânsias e nossos prazeres, (C) *nossas mortes, nossas sepulturas*, isso deve ter provindo de uma espantosa embriaguez do espírito humano". Será que estaremos forçando a interpretação se dissermos que esse acréscimo parece referir-se à figura de Jesus Cristo – a quem foram atribuídas uma morte e uma sepultura humanas? Num movimento presente em todo o ensaio, aliás, a suposta defesa que Montaigne faz do cristianismo termina contaminada por uma radical descrença.

Mas o risco de parecer ímpio motivou alguns outros adendos ao texto original. A primeira edição dos *Ensaios*, com os volumes I e II, foi lida no Vaticano. Montaigne visitou Roma em 1580 e foi recebido pelo papa Gregório XIII. O Santo Ofício ainda não era dos mais rigorosos naquela época (os *Ensaios* só foram postos no índex de obras proibidas por Roma em 1676), e muitas das opiniões potencialmente subversivas de Montaigne quanto à fé católica passaram sem censura. Criticaram-lhe, entretanto, o excessivo uso da palavra "fortuna" (de sabor pagão, deveria ser substituída por "divina providência") e um ensaio sobre o imperador romano Juliano, o Apóstata, cuja rejeição do cristianismo Montaigne tratou com ambígua simpatia.

Montaigne não modificou o que havia escrito. O ensaio sobre Juliano, intitulado "Da Liberdade de Consciência" (II, 19), praticamente não tem nenhum acréscimo, apesar das reservas de que foi objeto pela autoridade eclesiástica. Outro texto, contudo, o ensaio "Das Orações", é um verdadeiro labirinto de reverências à ortodoxia e de acréscimos de duvidosa interpretação. De um lado, Montaigne condena a leviandade dos que fazem orações sem ter a alma pura; mas sua condenação parece ter ressonâncias maiores do que as do puro zelo religioso: "rezamos por hábito e por costume, ou, melhor dizendo, lemos e pronunciamos nossas preces. Enfim, é apenas mímica". Um acréscimo de 1595 não diminui a ousadia do texto: "a situação de um homem que mistura a uma vida execrável a devoção parece ser em certa medida mais condenável que a de um homem conforme consigo mesmo e dissoluto em tudo" (I, 56, p. 476).

"Acrescento, mas não corrijo", diz Montaigne no ensaio "Da Vanidade"; e, um pouco para corrigir-se da frase demasiado orgulhosa, explica: "acho razoável que quem hipotecou ao mundo sua obra já não tenha esse direito [de corrigir-se]". Logo em seguida, dá outra razão para isso: "no que me concerne, receio sair perdendo com a troca: meu entendimento não caminha sempre para a frente, caminha também para trás. Dificilmente desconfio menos de minhas idéias por serem segundas ou terceiras ao invés de primeiras, ou atuais ao invés de passadas. Amiúde nos corrigimos tão tolamente como corrigimos os outros [...]. Eu agora e eu daqui a pouco somos dois; mas, quando melhor, não sei dizer" (III, 9, p. 273-4).

AS DESCRIÇÕES DE SI MESMO

Os inúmeros trechos em que Montaigne se põe a falar de si próprio são aquilo que os *Ensaios* têm de mais irresistível. Montaigne seria um grande escritor e um pensador importante se não tivesse escrito nem uma linha sobre si mesmo; mas não seria amado por ninguém. Podemos gostar do que diz Aristóteles, admirar Freud, adorar Balzac – mas *amar* um autor, não como autor mas como pessoa, isso é coisa mais rara, mas que no caso de Montaigne certamente acontece. Ainda mais porque não estamos diante de uma pessoa excepcional, de uma personalidade genialmente neurótica ou paranóica: Michel de Montaigne se apresenta como uma pessoa normalíssima, não cessa de enfatizar sua mediania ao leitor.

Nem todos, contudo, simpatizam com a idéia. "O tolo projeto de retratar-se a si mesmo!", rosnou Pascal. Mas é difícil reclamar de Montaigne, ou não se interessar por ele, ao ler a primeira frase do ensaio intitulado "Da Tristeza": "Estou entre os mais isentos dessa paixão, e não a aprecio nem a estimo, embora o mundo tenha, como por acordo, decidido honrá-la com favor especial" (I, 2, p. 13). Só lamentamos, na verdade, que depois dessa frase ele não se estenda mais sobre seus sentimentos – mas esse é um dos primeiros ensaios de Montaigne, e logo o auto-retrato se interrompe para dar lugar a uma compilação de histórias sobre o assunto.

Um dos mais belos ensaios do livro, intitulado "Sobre Versos de Virgílio", fará contraponto àquela primeira afirmação. Montaigne já está com 53 anos. Sente-se velho: "do excesso de alegria caí no de severidade, mais aborrecido. Por isso atualmente deixo-me levar um pouco pelo descomedimento, intencionalmente; e às vezes ocupo a alma em pensamentos brincalhões e jovens, com que ela descansa. Hoje em dia chego a ser assentado demais, grave demais e maduro demais. Diariamente os anos dão-me aula de frieza e de temperança [...]. A sensatez tem seus excessos e não necessita menos de moderação do que a loucura" (III, 4, p. 86-7). A vontade é de continuar citando esse longo ensaio, que aos poucos se encaminha para reflexões muito livres e modernas sobre o sexo e a mulher.

Seria de qualquer modo impossível dar conta, em pouco espaço, de tudo o que Montaigne fala a seu próprio respeito. Se, como dissemos anteriormente, o projeto inicial de seu livro era ser uma moldura, um ornamento em torno do texto de La Boétie que Montaigne acabou sem publicar, a impressão que temos hoje dos *Ensaios* é que tudo o mais – citações, reflexões morais, anedotas – funciona como arabesco e contorno para o "eu", que se substitui a La Boétie como o centro do livro.

A mesma sensação de perda que Montaigne experimentou com a morte de La Boétie – "já estava tão afeito e habituado a ser um de dois em tudo que não me parece ser mais do que meio" (I, 28, p. 289) – repete-se agora, na velhice, quando ele fala de si próprio. No ensaio "Da Presunção", afirma inicialmente ter boa saúde, para corrigir-se em seguida: "Eu era assim, pois não me estou considerando neste momento em que já adentrei as avenidas da velhice, tendo ultrapassado há muito os quarenta anos [...] o que serei doravante não será mais que metade de um ser, não serei mais eu. Diariamente me escapo e furto a mim mesmo [...]" (II, 17, p. 464).

Há como que uma precipitação, uma febre de descrever-se que se intensifica nos últimos ensaios, como se Montaigne se agarrasse a tudo que lhe resta de si. Desse ponto de vista, não parecem frívolos os detalhes que expõe a seu respeito. O último texto do livro, "Da Experiência" está repleto deles: "Não sou excessivamente apreciador nem de hortaliças nem de frutas, exceto melões [...] mudei do vinho branco para o clarete, e depois do clarete para o branco [...] gosto muito de peixe" (III, 13, p. 490). As informações se sucedem: "fujo mortalmente da fumaça [...] dispenso até hoje o uso de óculos [...] é verdade que no final do dia começo a sentir turvação e fraqueza para ler" (ibid., p. 493).

Logo em seguida a essa frase sobre o cansaço da vista, Montaigne encadeia um comentário ao mesmo tempo melancólico e jocoso: "Eis aí um passo atrás, quase imperceptível. Recuarei mais um, do segundo para o terceiro, do terceiro para o quarto, tão mansamente que deverei estar cego completo antes de perceber o declínio e o envelhecimento de minha vista – tão habilmente as parcas torcem nossa vida" (ibid., p. 494).

Seria razoável chamar de vaidoso um discurso desses? É preciso estar desinteressado demais dos seus semelhantes para não interessar-se por Montaigne. Por certo, ele não confessa pecados terríveis, mas, quanto a elogiar-se a si mesmo, diz sem afetação: "não encontro em mim tanto bem que não o possa dizer sem enrubescer" (II, 18, p. 497). Sobretudo, a indulgência que possa ter consigo mesmo não é maior do que a que dedica aos outros. E Montaigne é indulgente não por simples liberalidade ou indiferença moral, mas principalmente porque isso lhe parece uma condição para a própria felicidade: "é uma perfeição absoluta, e como que divina, saber desfrutar lealmente de seu ser" (III, 13, p. 510).

Orgulho Montaigne manifesta sempre que fala do ineditismo de seu livro. "Os autores comunicam-se ao povo por alguma marca particular e externa; eu, o primeiro, por meu ser universal, como Michel de Montaigne, não como gramático ou poeta ou jurisconsulto. Se o mundo se queixar de que falo demais de mim, queixo-me de que ele nem sequer pense em si." (III, 2, p. 29) Mais adiante, no mesmo ensaio, justifica-se: "nunca homem tratou assunto que compreendesse ou conhecesse melhor do que trato este que empreendi, e nesse sou o homem mais sábio que vive".

Mas, como sempre, esse autoconhecimento nada tem de rotineiro, e não é coisa que se faça sem surpresas. Ironizando os relatos sobre milagres e sobre feiticeiras (um grande filósofo político seu contemporâneo, Jean Bodin [1530-96], defendia que fossem levadas à fogueira), Montaigne afirma: "é espantoso de quão vãos começos e frívolas causas costumam nascer opiniões tão divulgadas [...]. Até agora, todos esses milagres e eventos estranhos vêm se escondendo de mim. Não tenho visto no mundo aberração e milagre mais explícitos do que eu mesmo. Com o hábito e o tempo familiarizamo-nos com qualquer estranheza; porém, quanto mais convivo comigo e me conheço, mais minha disformidade me espanta, menos entendo de mim" (III, 11, p. 375).

O que mais espanta o leitor, contudo, é o fato de Montaigne não omitir nenhuma trivialidade, nenhum pormenor irrelevante do seu auto-retrato, que às vezes vai empilhando fatos e mais fatos sem comentário: "o sono ocupou uma grande parte da minha vida, e continua a ocupar ainda nesta idade oito ou nove horas seguidas" (III, 13, p. 480). "Vi muitos soldados incomodados com o desarranjo de ventre; o meu e eu nunca faltamos a nosso encontro, que é ao saltar do leito" (ibid., p. 464). Por que não falar disso? "Os reis e os filósofos defecam, e as senhoras também." (ibid., p. 463)

Por último, o trecho talvez mais bizarro e trivial do mesmo ensaio: "Não me recordo de algum dia ter contraído sarna. Entretanto coçar-se é uma das dádivas da natureza mais agradáveis e ao alcance da mão. Mas tem a penitência muito importunamente próxima. Faço-o mais nos ouvidos, em cujo interior sinto comichões em muitas ocasiões" (ibid., p. 482). Fato ainda mais estranho, há um estudo bem aprofundado sobre esse trecho das coceiras, que os leitores mais curiosos poderão consultar.[25]

---

[25] Jules Brody, "Les Oreilles de Montaigne". Em: *Reading Montaigne*, op. cit.

4. MONSTROS E CANIBAIS

Notávamos, no capítulo 2, de que modo uma sensação de falta, de ausência, estava na origem dos *Ensaios*; Montaigne diz que, depois da morte de La Boétie, perdera como que a metade de si mesmo. No capítulo seguinte, indicamos de que maneira Montaigne e seu livro se fragmentam, se multiplicam, como se estivessem a suprir a ausência inicial. O "eu" de Montaigne nunca é único; seu livro é feito de peças desconexas, o tom que adota é o de uma conversa consigo mesmo e com o leitor. Mais do que isso, a experiência de uma perda se deixa substituir por uma espécie de lógica da acumulação: citações clássicas se seguem sem descanso, acréscimos ao texto recebem eles próprios novos acréscimos, anedotas se sucedem umas às outras, e as descrições que Montaigne faz de si mesmo parecem quase atropelar-se na quantidade de pormenores e características que são apresentadas ao leitor.

A "Apologia de Raymond Sebond", ensaio que sozinho ocupa cerca de 250 páginas da edição que estamos utilizando, é um texto inteiramente regido por esse "princípio cumulativo". Talvez isso o torne, como acreditava Gide, o único ensaio "francamente fastidioso"[26] que Montaigne escreveu; mas é também um de seus textos mais influentes e, sobretudo, o texto que consolidou sua imagem como filósofo cético.

Uma coisa é fora de dúvida: nesse ensaio, Montaigne parece incapaz de interromper-se, de sustar o curso de suas associações e exemplos. Há um trecho famoso, em que ele fala das mãos. "E quanto às mãos? nós perguntamos, prometemos, chamamos, despedimos, ameaçamos, oramos, suplicamos [...]" – seguem-se mais 42 verbos. E, no mesmo parágrafo, atribui-se outra seqüência parecida de atividades à cabeça: "convidamos, dispensamos, confessamos, negamos" e mais 18 verbos. Como se ofegasse, o autor ainda encadeia outras perguntas: "e quanto às sobrancelhas? e quanto aos ombros?" (II, 12, p. 183-4).

Isso tudo para dizer que o dom da fala não é essencial para a comunicação humana. Mais ainda: que os animais podem perfeitamente entender-se entre eles. Argumento eloqüente para sugerir que nós, humanos, não somos necessariamente mais inteligentes do que os animais: "eles podem considerar-nos estúpidos, como consideramos a eles. Não é de espantar que não os entendamos: tampouco entendemos os bascos e os trogloditas". Esse raciocínio de Montaigne não dura, contudo, nem um minuto. Logo em seguida, ele faz uma ressalva: "No entanto alguns se gabaram de

---

[26] *O Pensamento Vivo de Montaigne*. Trad. Sérgio Milliet. São Paulo: Martins/Edusp, 1975; p. 16.

compreendê-los, como Apolônio de Tiana, Melampo, Tirésias, Tales e outros. E já que, como dizem os cosmógrafos, há nações que escolhem como rei um cachorro, é preciso que eles dêem uma interpretação determinada à sua voz e seus sentimentos" (II, 12, p. 182).

Povos que escolhem um cachorro como rei? Eis apenas um dos inúmeros exemplos fantásticos que Montaigne apresenta na "Apologia de Raymond Sebond". Nosso filósofo também declara que "na maneira de viver dos atuns observa-se um singular conhecimento das três partes da matemática" (ibid., p. 220) e que, "no tocante ao arrependimento e reconhecimento dos erros, conta-se sobre um elefante que, tendo matado seu tratador por impetuosidade de cólera, caiu numa tristeza tão extrema que nunca mais quis comer e deixou-se morrer" (ibid., p. 221).

Histórias bem plausíveis, afinal, se considerarmos que "há regiões onde os homens nascem sem cabeça, portando os olhos e a boca no peito; onde são todos andróginos; onde andam de quatro; onde têm apenas um olho na testa, e a cabeça mais parecida com um cachorro do que a nossa; onde são metade peixes, na parte de baixo, e vivem na água; onde as mulheres dão à luz aos cinco anos e vivem apenas oito; onde têm a cabeça e a pele da fronte tão rijas que o ferro não consegue penetrar e ricocheteia; onde os homens não têm barba; nações que não conhecem o fogo; outras que expelem esperma de cor negra. Que dizer dos que naturalmente se transformam em lobos, em jumentos e depois novamente em homens?" (ibid., p. 288-9).

Há um mundo grotesco e monstruoso em Montaigne, que nos lembra os quadros de Hieronymus Bosch (1450?-1516) e que se nutre dos relatos de viagem em voga na Renascença. "Monstro" é das palavras que com mais freqüência vêm à mente de

Montaigne, seja quando ele fala de si mesmo, seja quando fala dos males ou das maravilhas do mundo.[27]

"FORJAMOS DEUSES ÀS DÚZIAS..."

Jogamos o leitor de chofre no que parece ser um exercício de literatura fantástica; cumpre explicar como esses exemplos surgem na "Apologia de Raymond Sebond".

Raymond Sebond (?-1436) foi um teólogo catalão (Raimundo Sabunde), cujo livro *Theologia Naturalis* procurava demonstrar racionalmente os dogmas da religião católica. Obedecendo a uma encomenda do pai, Montaigne traduziu esse livro para o francês. A tradução foi o primeiro trabalho de Montaigne a ter sido publicado, em 1569. "Achei belas as idéias desse autor, bem composta a estrutura da obra e pleno de piedade o seu projeto." (II, 12, p. 163) Surgiram, entretanto, algumas objeções ao livro de Sebond, e Montaigne anuncia no começo do ensaio seu propósito de refutá-las.

Eram objeções de dois tipos. De um lado, seria incorreto querer apoiar com razões humanas aquilo "que só se concebe por fé e por uma inspiração particular da graça divina". Mas, diz Montaigne, ainda que as verdades da religião ultrapassem o entendimento humano, "é uma iniciativa muito bela e muito louvável adaptar ao serviço de nossa fé os instrumentos naturais e humanos que Deus nos deu" (ibid., p. 164).

---

[27] Ver a esse respeito o livro de Géralde Nakam, *Les* Essais *de Montaigne: Miroir et Procès de Leur Temps*. Paris: Nizet/Publications de la Sorbonne, 1984; cap. 4.

O segundo gênero de crítica a Sebond aponta a fraqueza dos seus argumentos: não parecem sustentáveis racionalmente. Para contornar essas críticas, Montaigne recorrerá ao expediente de "quebrar e calcar aos pés o orgulho e a altivez humana; fazê-los [os adversários de Sebond] sentir a inanidade, a vanidade e nulidade do homem; arrancar-lhes das mãos as mirradas armas de sua razão" (ibid., p. 175).

Os resultados dessa empreitada logo se fazem sentir. Querendo mostrar a fraqueza da razão humana, Montaigne vai somando argumentos no sentido de que não podemos ter certeza de coisa alguma, de que tudo é discutível, de que o fato mais implausível pode ser tão verdadeiro quanto qualquer fato banal. Não só isso tende a desmentir toda a linha de raciocínio que refutava o primeiro gênero de críticas a Raymond Sebond, como acaba ressaltando a desrazão, o caráter arbitrário, de qualquer crença.

Assim, Montaigne examina longamente tudo o que os filósofos antigos disseram sobre a alma: se existe, se não existe, se sobrevive após a morte. Contrapõe diversas teorias para argumentar que a razão não é capaz de dar resposta satisfatória a essas questões. O germe da dúvida termina atingindo a própria fé católica; sobre céu e inferno, Montaigne diz: "seria uma desproporção iníqua fazer uma recompensa eterna decorrer de uma vida tão curta" (ibid., p. 324). Se esquecermos a revelação divina, não haverá como acreditar na imortalidade da alma: "quem olhar o homem sem o lisonjear não verá eficácia nem faculdade que aponte outra coisa além de morte e terra" (ibid., p. 331).

Apesar das constantes ressalvas em favor da idéia de que só atingimos a verdade graças à intervenção divina, o efeito das frases de Montaigne nada tem de piedoso. Como fica, por exemplo, a autoridade dos pregadores católicos quando Montaigne diz:"o que quer que nos preguem, o que quer que aprendamos, deveríamos lembrar-nos sempre de que é o homem que dá e o homem que recebe; é uma mão mortal que no-lo apresenta, é uma mão mortal que o aceita" (ibid., p. 346)?

As ciências naturais de nada valem; Montaigne desconfia das teorias de Copérnico; se o geocentrismo de Ptolomeu foi dado como certo durante vários séculos, para ser contestado agora, nada garante que daqui a mil anos o próprio Copérnico não venha a ser contestado também (ibid., p. 356).

Sobre a moral, sobre a procura do soberano bem do homem, há duzentas teorias, nenhuma confiável. Nenhum costume ou mandamento moral é eterno. Tudo está sujeito à contingência de um país, de uma época, de uma moda. Numa pergunta que depois seria imitada por Pascal, Montaigne estabelece as bases do relativismo ético:"Que bondade é essa que ontem eu via valorizada e amanhã não mais, e que a travessia de um rio torna crime? Qual verdade que essas montanhas delimitam, que é mentira no mundo que fica além delas?" (ibid., p. 371)

Cada frase desse tipo é um abalo para a fé que Montaigne o tempo todo se dispõe a defender. Podemos sem dúvida considerar que todos os argumentos do ceticismo acumulados nesse ensaio se destinam a provar que só através da intervenção divina, e não com nossos próprios meios racionais, podemos aceder à verdade. O impacto de cada exemplo e frase isolada vale mais, entretanto, do que esse ensinamento piedoso e genérico. Impressiona mais uma afirmação como "o homem é mesmo insensato. Não conseguiria forjar um caruncho e forja deuses às dúzias" (ibid., p. 296), do que qualquer manifestação respeitosa sobre a graça divina.

Montaigne conta que, entre os muçulmanos, acredita-se na existência de muitas crianças "sem pai, espirituais, nascidas divinamente do ventre de donzelas" (ibid., p. 297). Não fica muito firme a crença na virgindade de Maria depois dessa informação.

De resto, se comparássemos nossos costumes de cristãos com os de um maometano ou de um pagão, estaríamos em visível situação de inferioridade moral. "Não há hostilidade tão excelente quanto a cristã. Nosso zelo faz maravilhas quando vai secundando nossa inclinação para o ódio, a crueldade, a ambição, a cupidez, a difamação, a rebelião [...]. Nossa religião é feita para extirpar os vícios; ela os encobre, alimenta-os, incita-os." (ibid., p. 168-9)

Por fim, não há como não ver uma indiferença bem grande com relação a toda profissão de fé, uma frieza fundamental no que tange às convicções religiosas, quando Montaigne reduz a própria crença a uma questão de hábito, a um acaso geográfico: "somos cristãos a mesmo título que somos perigordinos ou alemães" (ibid., p. 170).

A questão de qual era, afinal, a verdadeira religião de Montaigne sempre foi bastante controversa. Houve quem sustentasse a tese de que ele, ocultamente, defendia a causa dos protestantes; é a opinião do estudioso A. Armaingaud (sempre citado como "o dr. Armaingaud"), num livro de 1910. Todavia, um autor insuspeito de protestantismo, São Francisco de Sales (1567-1622), considerava Montaigne seu mestre.

No ensaio "De Poupar a Vontade" (III, 10), o próprio Montaigne conta que foi considerado huguenote pelos católicos e adepto da ala mais radical do catolicismo pelos huguenotes. Dava-se bem, na verdade, com os líderes dos dois partidos, o duque de Guise, no lado católico, e Henrique de Navarra, posteriormente Henrique IV, no protestante. Orgulhou-se de manter as portas de seu castelo abertas aos dois partidos. Num período de guerra civil, essa tolerância não era sem riscos. Aliás, por mais católico que fosse, Montaigne tinha um irmão e uma irmã que eram protestantes. Foi o trânsito de Montaigne entre os dois partidos que o fez ser convocado pelo rei Henrique III a assumir o posto de prefeito de Bordeaux, em 1581. Essa convocação obrigou-o a interromper a viagem que fazia pela Itália e pela Alemanha, onde procurava tratamento para os cálculos renais. Observe-se que – para decepção dos filósofos anticatólicos do século 18, quando foi descoberto o diário feito por Montaigne ao longo dessa viagem –, além de ter parado em estações de águas, nosso autor também fez uma piedosa peregrinação ao santuário de Nossa Senhora de Loreto. Mais chocante do que isso, certamente, é o apoio que, conforme indícios bem convincentes,[28] Montaigne parece ter dado ao famoso massacre do dia de São Bartolomeu (24 de agosto de 1572), quando cerca de 4 mil huguenotes foram assassinados pelas forças católicas.

Que concluir disso tudo? Não podemos, naturalmente, perscrutar a alma de Montaigne para saber em que, no fundo e em definitivo, ele acreditava. Certamente, ele adota a argumentação dos céticos quanto à falibilidade de todo julgamento, à diversidade das opiniões, à possibilidade de tudo ser dito ou desdito. O famoso "Que sei eu?" é um artifício verbal que Montaigne utiliza para safar-se do clássico argumento contra o ceticismo: se você diz que nada sabe, ou que nada se pode saber, ou ainda que nem sequer se pode afirmar que nada se pode saber, tudo isso serão afirmações e certezas, de modo que sua

---

[28] A discussão sobre esse ponto é apresentada com vivacidade no livro de Lacouture, op. cit.

tese é contraditória. Montaigne lembra que, quando os céticos dizem "Eu duvido", eles são imediatamente "agarrados pelo pescoço para serem obrigados a admitir que pelo menos asseguram e sabem que duvidam" (II, 12, p. 291), daí ser preferível manter a mesma opinião numa forma interrogativa, o "Que sei eu?".

A hierarquia católica iria esperar pelo menos cem anos (até o surgimento de Pascal e seus seguidores) para perceber o potencial irreligioso de Montaigne. É também provável, ademais, que o próprio catolicismo, ou a própria noção de fé religiosa, tenha mudado significativamente no século que se seguiu à publicação dos *Ensaios*. Roma tinha inimigos bem mais ativos a combater. E o que nos parece muito moderno e pouco moralista nos preceitos de Montaigne, em sua visão despreocupada do pecado, do céu e do inferno etc., talvez fosse aceitável pelo catolicismo culto, impregnado da tradição grega e romana, em comparação com os rigores morais e a certeza dogmática dos calvinistas.

Por outro lado, a conseqüência prática dessas dúvidas, desses contra-exemplos e ironias montaignianas, tendia a ser nula para a Europa cristã do século 16. Alguém poderia, de um ponto de vista puramente intelectual, ser ateu naquela época. Mas toda a vida cotidiana de uma pessoa – seu casamento, o registro de seus filhos, seu horário de trabalho, suas regras de alimentação, suas ocasiões de lazer e de convívio social – estava regulada pela Igreja.[29] Para voltar à frase de Montaigne, realmente se era católico como se era perigordino ou alemão. Duvidar da existência de Deus – pode-se arriscar a compara-

---

[29] Cf. Lucien Febvre, *O Problema da Descrença no Século XVI*. Trechos dessa obra estão na coletânea organizada por Carlos Guilherme Mota, *Febvre/História*, para a coleção "Grandes Cientistas Sociais". São Paulo: Ática, 2. ed., 1992; p. 37-53.

ção – teria tanto efeito concreto quanto se, nos dias de hoje, duvidássemos de que determinado papel pintado, com a marca-d'água e o timbre do Tesouro americano, valha de fato um dólar e disséssemos que aquela nota é apenas papel pintado. Acreditando ou não, usamos o dinheiro; para nós, seria impossível viver se levássemos nossa contestação às últimas conseqüências.

Nem por isso, certamente, a influência de Montaigne sobre épocas mais críticas e irreligiosas deixou de ser marcante. Ocorre o mesmo com suas opiniões políticas. Diversas vezes Montaigne afirma ser inimigo de toda inovação nas leis, nos costumes e no sistema político. Estava, é certo, diante de um quadro em que as inovações pretendidas pelos protestantes se defendiam a ferro e fogo, acirrando certezas antes adormecidas e impondo à França as mais sérias turbulências. Natural que achasse melhor uma confiança moderada no lento aperfeiçoamento das instituições, em vez de movimentos revolucionários.

Surgiu daí a idéia do "conservadorismo" de Montaigne. Um intelectual muito refinado e dialético, como Max Horkheimer, veria no ceticismo de Montaigne uma detestável e falsa "neutralidade" a serviço da ordem burguesa.[30] Autores como Jean Starobinski contestam com muita pertinência essa interpretação. Seria muito estranho pensar em "conservadorismo" no século 16; o termo, entendido como o oposto de "progressismo", só faz sentido no pensamento do século 19.[31] Luís Costa Lima, por sua vez, observa que seria injusto exigir de Montaigne o vigor crítico audacioso e direto dos

---

[30] "Montaigne et la Fonction du Scepticisme". Em: *Théorie Critique*. Trad. do original alemão por Gérard Coffin, Olivier Masson e Joëlle Masson. Paris: Payot, 1978.

[31] Jean Starobinski, *Montaigne em Movimento*. Trad. Maria Lúcia Machado. São Paulo: Companhia das Letras, 1993; p. 254.

iluministas do século 18. Estes tinham, como alvo da crítica, um mundo já estabilizado, uma tradição ossificada; "situado no ponto zero em que uma Lei [a organização hierarquizada do mundo segundo a doutrina medieval] se desfaz e a outra [fundada na liberdade individual] ainda não se estabelece, Montaigne tinha escassos instrumentos de apoio".[32]

Apesar de sua reiterada aversão à idéia de mudanças na política, nas leis e nos costumes, o modo de Montaigne de raciocinar – e seu constante recurso a exemplos de outros países e outras culturas – traz consigo, o tempo todo, uma crítica profunda à arbitrariedade dos poderosos, à crueldade de seus sequazes, aos absurdos do sistema judiciário, à desigualdade social. O mesmo pensador que diz, por exemplo, "desgosta-me a novidade, sob qualquer aparência que se apresente, e tenho razão, pois tenho visto efeitos muito prejudiciais dela [...] aqueles que abalam um estado são habitualmente os primeiros sorvidos em seu desmoronamento" (I, 23, p.178-9), elogia, no mesmo ensaio, um estadista grego que sabia "não somente comandar de acordo com as leis, mas também às próprias leis, quando a contingência pública assim o requeria" (p.184).

Essa é a frase final de um ensaio chamado "Do Costume e de Não Mudar Facilmente uma Lei Aceita". O elogio das instituições vigentes, feito por Montaigne, só aparece, entretanto, depois de um longo arrazoado em que sugere a falta de fundamento real para qualquer instituição que tenhamos.

---

[32] *Limites da Voz: Montaigne, Schlegel.* Rio de Janeiro: Rocco, 1993; p. 34. Ver ainda Plínio de Junqueira Smith, "Qual o Sentido do Conservadorismo de Montaigne?". Em: *Ceticismo Filosófico.* São Paulo/Londrina: EPU/Editora da UFPR, 2000.

A "Apologia de Raymond Sebond" retoma esse tema, acrescentando-lhe um comentário já de sabor quase nietzschiano: "as leis extraem da aplicação e do uso sua autoridade; é perigoso levá-las de volta a seu nascimento; elas se avolumam e enobrecem ao rolar, como nossos rios: acompanhai-os remontando até sua fonte e esta não passa de um olho-d'água mal reconhecível, que assim se dignifica e fortalece ao envelhecer" (II, 12, p. 376).

A OUTRA METADE

A visão comparativa, irônica, das leis e dos costumes termina certamente minando toda a obediência que Montaigne preconiza. Se devemos respeitar as nossas instituições (e nossa religião), qualquer outra, mesmo a mais estranha, deveria ser respeitada também, pois não dispomos de razões melhores para seguir as nossas do que os outros, as deles. Respeitar tudo, então? Seria esse o Montaigne relativista. Mas o subtexto é outro: interessa-lhe mais criticar a Europa do que elogiar os muçulmanos. Seria esse o Montaigne pré-iluminista. Do mesmo modo, apontar os limites da razão não é fazer o elogio do irracionalismo, mas sim criticar o fanatismo e a loucura das religiões.

Essa mensagem ganha especial força e colorido no famoso ensaio de Montaigne sobre os canibais (I, 31), em que se desautoriza toda a concepção de que os europeus são civilizados e os índios, bárbaros. São antropófagos? "Penso que há mais barbárie em comer um homem vivo do que em comê-lo morto, em dilacerar por tormentos e torturas um corpo ainda cheio de sensibilidade, assá-lo aos poucos, fazê-lo ser mordido e rasgado por cães e por porcos [...] e, o que é pior, sob pretexto de piedade e religião [Montaigne alude às atrocidades cometidas por católicos e protestantes] do que assá-lo e comê-lo depois que ele morreu" (ibid., p. 313).

Montaigne participava da comitiva do rei Carlos IX, em 1562, quando conheceu, em Rouen, três índios tupinambás, trazidos do Brasil por Villegaignon.[33] No seu ensaio, conta ter ouvido algumas opiniões dos índios sobre a França. Se achamos estranhos os costumes dos índios, ouçamos o que eles dizem a respeito dos europeus. "Achavam muito estranho que tantos homens adultos [...] que estavam ao redor do rei [...] se sujeitassem a obedecer a uma criança." Carlos IX tinha 12 anos quando se deu esse encontro. "Em segundo lugar (eles têm um tal jeito de linguagem que chamam os homens de 'metade' uns dos outros) que haviam percebido que existiam entre nós homens repletos e empanturrados de toda espécie de regalias, e que suas metades estavam mendigando-lhes nas portas, descarnados de fome e pobreza; e achavam estranho como essas metades aqui necessitadas podiam suportar tal injustiça sem agarrar os outros pelo pescoço ou atear fogo em suas casas." (ibid., 31, p. 319-20)

A ausência de preconceitos, e um olhar que, mesmo sendo irônico, nunca é cínico nem oblíquo, ressalta nesse trecho de Montaigne, que constitui um marco decisivo na história do pensamento europeu. Fazer comentários, aqui, seria sem dúvida um pouco redundante, tal o vigor do texto.

Um detalhe, contudo, merece atenção, ainda que provavelmente tenha ar de simples coincidência. É a referência que faz Montaigne ao hábito indígena "de

---

[33] Cf. Mello Franco, op. cit.; p. 93.

chamar os homens de 'metade' uns dos outros". Tínhamos visto como a morte de La Boétie significara para Montaigne perder "metade de si mesmo". De forma meramente especulativa, poderíamos dizer que os índios – vindos da outra metade, até então desconhecida, do mundo – forneceriam a Montaigne uma experiência de complementaridade, de contraponto, de comentário, de duplicação a um "eu", a uma consciência cuja melhor parte havia sido amputada pela morte. Daí que o mais estranho e "selvagem" tenda a ser recebido, por Montaigne, como o mais familiar e compreensível: o exótico lhe serve de espelho.

A imagem do espelhamento, da simetria, é recorrente em Montaigne. Fiquemos com dois exemplos, tirados da "Apologia de Raymond Sebond". No primeiro, Montaigne insiste na fragilidade da razão humana, mostrando que ela pode servir para demonstrar uma tese e a tese oposta também: "Diógenes estava regando seus repolhos e, vendo [outro filósofo, Aristipo] passar, disse: 'Se soubesses viver de repolhos, não cortejarias um tirano'. Ao que Aristipo respondeu: 'Se soubesses viver entre os homens, não estarias regando repolhos'. Eis como a razão fornece motivos para ações diversas" (II, 12, p. 374). O segundo exemplo é bastante breve e nos faz passar do âmbito da esgrima dialética para um mundo mais enigmático e paradoxal: "quando brinco com minha gata, quem sabe se ela se distrai comigo mais do que eu com ela?" (ibid., p. 181).

Como nos pratos da balança, que sopesa um argumento contra o outro e suspende todo julgamento, há aqui uma estranha equivalência, um equilíbrio – que é bastante implausível, mas difícil de refutar. Entre a gata e seu dono, entre o selvagem e o civilizado, tudo se equipara, todo julgamento pode ser invertido. Mas não há como negar que esse procedimento termina sempre sendo crítico aos preconceitos europeus e às violências da civilização a que Montaigne pertencia. É difícil ver indiferença nesse ato de suspensão.

O MUNDO DAS EXCEÇÕES

Por vezes, entretanto, temos a impressão de que o recurso a costumes exóticos, a anedotas fantásticas, a casos extraordinários contribui muito pouco para o sucesso da argumentação do autor. Simpatizamos com Montaigne quando ele ataca a crueldade dos supostos civilizados, quando elogia a virtude de pagãos e muçulmanos em contraste com os vícios dos que se dizem cristãos. Ao mesmo tempo, é difícil considerar o infanticídio, em tese, justificável ou impossível de condenar, simplesmente porque alguns povos o praticam.

Rousseau, tão próximo de Montaigne na idealização do "estado de natureza", não deixaria de insurgir-se contra esse ponto: "de que serve ao cético Montaigne atormentar-se para desenterrar de algum confim do mundo um costume oposto às noções de justiça? [...] Alguns usos incertos e bizarros baseados em causas locais que nos são desconhecidas destruirão a indução geral tirada da contribuição de todos os povos? [...] Ó Montaigne [...], diga-me se há algum lugar na terra onde seja crime manter sua fé, ser clemente, benfazejo, generoso; onde o homem de bem seja desprezível e o pérfido, honrado".[34]

É visível em Montaigne uma tendência para contrabalançar todo exemplo com outro que lhe seja opos-

[34] *Émile, ou De l'Éducation*. Apud Boutaudou, op. cit.; p. 279.

to, mesmo que um seja freqüente e o outro, raríssimo. Que um elefante se apaixone por uma jovem, como narra a "Apologia de Raymond Sebond" (II, 12, p. 209), não nos faz menos seguros da incomunicabilidade entre a nossa espécie e a dos elefantes – mas é esse tipo de certeza que Montaigne procura contestar. Numa certa "indiferença estatística", por assim dizer, é como se uma única exceção dissolvesse a validade de toda regra, e um só contra-exemplo nos impedisse de tirar conclusões sobre o que quer que seja.

O fascínio pela diferença minúscula, pelo particular, pelo caso especial, leva Montaigne a desconfiar de toda generalização. "A conseqüência que queremos extrair da semelhança dos eventos é pouco segura, porquanto eles são sempre dissemelhantes [...] a semelhança não torna tão igual quanto a dissemelhança torna diferente." (III, 13, p. 433) É como se vivêssemos num mundo só de exceções. Não apenas o monstruoso e o normal se equivalem, sendo aceitável que tudo possa acontecer, como também o detalhe, o acontecimento ínfimo são por si sós capazes de conseqüências gigantescas. O tema é explorado por Montaigne sempre que se trata de apontar para a inanidade de nossas pretensões, para o vazio que há em todo o orgulho que possamos ter: picadas de abelhas podem desbaratar um grande exército (II, 12, p. 215), "os piolhos são suficientes para deixar vaga a ditadura de Sila" (ibid., p. 196), uma sílaba na liturgia é capaz de gerar guerras sangrentas (ibid., p. 291);[35] e que de mais eloqüente, afinal, do que o fato de pequenas pedras no rim serem suficientes para matar um homem?

[35] Católicos e protestantes divergiam quanto ao significado da palavra *hoc* na frase *hoc est corpus meum* ("este é o meu corpo"), pronunciada pelo sacerdote quando eleva a hóstia.

Instaura-se assim como que um estado de perpétua surpresa, e de variações incessantes, na escrita de Montaigne. Será tão "desordenada" e caprichosa como o mundo e o autor que está a retratar. Vem disso, provavelmente, o ar de improviso e de novidade em cada página dos *Ensaios*. Podemos começar a ler Montaigne de qualquer ponto do livro, pois ele sempre parece recém-chegado ao mundo; é bem esse o espírito da Renascença. E podemos abandoná-lo quando bem quisermos, pois ele não se esgota, não conhece conclusão: é bem isso o que o faz nosso contemporâneo.

A CONCLUSÃO IMPOSSÍVEL

Quem não vê que tomei um caminho pelo qual, sem cessar e sem trabalho, avançarei tanto quanto houver de tinta e de papel no mundo?", pergunta Montaigne no início de seu ensaio "Da Vanidade" (III, 9, p. 245). Mas é ele também quem lembra: "o homem é imoderado em tudo e [...] não tem outra barreira que não a da dificuldade e incapacidade de ir além" (III, 11, p. 385).

Da perda do amigo à descoberta desse mundo inesgotável, desmembrado, copioso e reflexo que é o de Montaigne, da riqueza e familiaridade do mundo exterior à riqueza e à estranheza do eu, é como se o autor dos *Ensaios* – e, com ele, a cultura ocidental – estivesse abrindo os olhos para os outros e para si mesmo, simultaneamente. Essa dupla descoberta impõe um movimento incessante, ao qual seria equivocado tentar impor uma conclusão, um ponto de repouso, uma síntese intelectual.

Chegar a uma conclusão, a uma exposição coerente do pensamento de Montaigne, seria contradizer um autor que afirmou, naquilo que Lévi-Strauss[36] considerou a fórmula mais forte que se possa ler em filosofia: "não temos nenhuma comunicação com o ser" (II, 12, p. 403). Frase que expressa, por certo, a impotência da razão humana, mas que é também um testemunho de grande solidão. Nada mais encantador em Montaigne do que o fato de que essa fórmula radical não se acompanha de nenhuma "tragicidade" interior, de nenhum teatro do pessimismo. Entregue sozinho e nu ao mundo, Montaigne consegue transformar esse sentimento de solidão como que numa experiência prazerosa diante da particularidade – a sua particularidade pessoal e a particularidade das coisas, que não conhecem medida comum.

Num trecho muito comentado,[37] Montaigne diria: "Não retrato o ser. Retrato a passagem" (III, 2, p. 28). Se tomássemos essa frase ao pé da letra, retratar "a passagem" exigiria como que um pincel que não cessasse nunca, uma linha que nunca se interrompesse nem se distanciasse do papel. O resultado da pintura, o retrato, seria como que o rabisco contínuo deixado no papel, o gesto do pintor. Reencontramos, de um lado, a idéia do ornamento, do arabesco, do "grutesco" que vinha a decorar as margens de um retrato ausente (o retrato de La Boétie, o retrato do ser). E, de outro, a idéia de um auto-retrato que se faz não tomando distância e copiando os traços do próprio rosto no papel, mas por meio do gesto, do movimento incessante que, das mãos do autor, se reflete na tela: espelho do gesto, não espelho do rosto.[38]

---

[36] "Relendo Montaigne". Em: *História de Lince*. Trad. Beatriz Perrone-Moisés. São Paulo: Companhia das Letras, 1993; p. 195.

[37] Ver, por exemplo, Erich Auerbach, *Mimesis*. Trad. George Sperber. São Paulo: Perspectiva/Edusp, 1971; cap. 12.

[38] Ver Starobinski, op. cit., cap. 6.

Daí a frase de Montaigne segundo a qual "não fiz meu livro mais do que meu livro me fez, consubstancial ao seu autor" (II, 18, p. 498). O livro é um ato de seu corpo, ato natural, quase fisiológico (lembremo-nos dos "excrementos de um velho espírito"), que, por isso mesmo, nos seus impulsos, nos seus acessos, nos momentos de repouso e de inspiração, guarda sempre um tom coloquial, a sintaxe abrupta de quem fala de viva voz, ao nosso lado; é justamente essa a impressão de "presença" física que Montaigne nos transmite; seu livro, que nasce da sensação de falta, de ausência, de incomunicação com o "ser", consegue esse milagre, de tornar seu autor presente diante de nós, comunicando-se como ninguém, como um verdadeiro amigo.

CRONOLOGIA

1533 –	Filho de Pierre de Montaigne e Antoinette de Louppes, Michel de Montaigne nasce em 28 de fevereiro.
1539(?) – -1546	Estudos no Colégio de Guyenne, em Bordeaux.
1557 –	Entra no Parlamento de Bordeaux.
1558-9 –	Conhece Étienne de La Boétie.
1562 –	Acompanhando o rei Carlos IX em Rouen, trava contato com índios brasileiros.
1563 –	Morte de La Boétie.
1565 –	Casa-se com Françoise de la Chassaigne.
1569 –	Publica a tradução da *Theologia Naturalis*, de Raymond Sebond (Raimundo Sabunde).
1571 –	No aniversário, retira-se para sua biblioteca.
1578 –	Começa a sofrer de cálculos renais.
1580 –	Publica os dois primeiros volumes dos *Ensaios*.

1580-1 – Viagem à Itália, passando pela Suíça e pela Alemanha. Escolhido prefeito de Bordeaux.
1586 – Fim do mandato como prefeito.
1588 – Publica nova edição dos *Ensaios,* com o terceiro volume, inédito.
1592 – Morte de Montaigne, no dia 13 de setembro.
1595 – Reedição dos *Ensaios,* com novos acréscimos feitos por Montaigne.

PARA LER MAIS

EM PORTUGUÊS

O leitor brasileiro pode escolher entre a tradução dos *Ensaios* de Montaigne por Sérgio Milliet, disponível na coleção "Os Pensadores", da Abril Cultural, e a tradução de Rosemary Costek Abílio, para a Martins Fontes. A edição dos "Pensadores" é mais barata e tem um só volume. A da Martins Fontes é bem mais exata, com indicações dos acréscimos feitos por Montaigne e pequenas introduções a cada um dos capítulos.

Montaigne a Cavalo, de Jean Lacouture (Record, 1998), é uma biografia entusiástica e algo romanceada, mas fundamenta-se em farta documentação.

Montaigne em Movimento, de Jean Starobinski (Companhia das Letras, 1993), é uma leitura minuciosa dos *Ensaios*, feita por um dos mais respeitados críticos literários de língua francesa.

EM OUTROS IDIOMAS

Montaigne, de Peter Burke, disponível em espanhol, é um livro introdutório de extrema utilidade, escrito por historiador especializado na literatura do período.

Montaigne, de Hugo Friedrich, é um sólido estudo sobre o autor, escrito em 1949 e ainda hoje referência indispensável.

Montaigne – Textes et Débats, de Christiane Boutaudou, é uma seleção de trechos dos *Ensaios* e das diversas reações críticas que o livro motivou ao longo do tempo.

A principal biografia de Montaigne é a de Donald Frame, esgotada em inglês mas disponível em tradução francesa, com o título *Montaigne, une Vie, une Oeuvre*. Essa edição conta com uma bibliografia comentada, da autoria do montaignista François Rigolot.

Outra bibliografia extensa e atualizada sobre Montaigne pode ser encontrada em *Approaches to Teaching Montaigne's Essays*, livro organizado por Patrick Henry.

LIVROS

D. Berven (ed.), *Reading Montaigne*. New York/London: Garland, 1995.

C. Boutaudou, *Montaigne – Textes et Débats*. Paris: Livre de Poche, 1984.

P. Burke, *Montaigne*. Trad. espanhola Vidal Peña. Madrid: Alianza, 1985.

M. Butor, *Essais sur les* Essais. Paris: Gallimard, 1968.

O.M. Carpeaux, *História da Literatura Ocidental.* Rio de Janeiro: Alhambra, 2. ed., 1978.
A. Compagnon, *Nous, Michel de Montaigne.* Paris: Seuil, 1980.
L. Costa Lima, *Limites da Voz: Montaigne, Schlegel.* Rio de Janeiro: Rocco, 1993.
R.W. Emerson, *Homens Representativos.* Trad. Alfredo Gomes. Rio de Janeiro: Tecnoprint, 1967.
D. Frame, *Montaigne, une Vie, une Oeuvre.* Trad. francesa J.-C. Arnould et al. Paris: Honoré Champion, 1994.
H. Friedrich, *Montaigne.* Trad. francesa Robert Rovini. Paris: Gallimard, 1968 (col. "Tel").
A. Gide, "Montaigne". Em: *Essais Critiques.* Paris: Gallimard, 1999 (col. "La Pléiade").
P. Henry (ed.), *Approaches to Teaching Montaigne's Essays.* New York: The Modern Language Association of America, 1994.
G. Hocke, *Maneirismo: o Mundo Como Labirinto.* Trad. C. Mahl. São Paulo: Perspectiva/Edusp, 1974.
M. Horkheimer, "Montaigne et la Fonction du Scepticisme". Em: *Théorie Critique.* Trad. francesa G. Coffin, O. e J. Masson. Paris: Payot, 1978.
E. de La Boétie, *Discurso da Servidão Voluntária.* Trad. Laymert G. dos Santos. São Paulo: Brasiliense, 1982.
J. Lacouture. *Montaigne a Cavalo.* Trad. F. Rangel. Rio de Janeiro: Record, 1998.
A.A. de Mello Franco, *O Índio Brasileiro e a Revolução Francesa.* Rio de Janeiro: Topbooks, 3. ed., s/d.
M. de Montaigne, *Oeuvres Complètes.* Paris: Seuil, 1967.
___, *Ensaios.* Trad. Sérgio Milliet. São Paulo: Abril Cultural, 1980 (col. "Os Pensadores").
___, *Os Ensaios.* Trad. Rosemary Costek Abílio. São Paulo: Martins Fontes, 2000/2001.
C.G. Mota (org.), *Febvre/História.* São Paulo: Ática, 2. ed., 1992 (col. "Grandes Cientistas Sociais").

G. Nakam, *Les* Essais *de Montaigne: Miroir et Procès de Leur Temps.* Paris: Nizet/Publications de la Sorbonne, 1984.

O Pensamento Vivo de Montaigne. Trad. Sérgio Milliet. São Paulo: Martins/Edusp, 1975.

R. Popkin, *História do Ceticismo de Erasmo a Spinoza.* Trad. Danilo Marcondes de Souza Filho. Rio de Janeiro: Francisco Alves, 2000.

J.-Y. Pouilloux, *Montaigne – Que Sais-Je?* Paris, Gallimard, 1987 (col. "Découvertes").

P.J. Smith, *Ceticismo Filosófico.* São Paulo/Curitiba: EPU/Editora da UFPR, 2000.

J. Starobinski, *Montaigne em Movimento.* Trad. Maria Lúcia Machado. São Paulo: Companhia das Letras, 1993.

SOBRE O AUTOR

Marcelo Coelho é colunista e membro do conselho editorial da *Folha de S.Paulo*. É mestre em sociologia pela USP e professor de jornalismo cultural na Faculdade Cásper Líbero.

Escreveu *Gosto se Discute* (Ática, 1994) e *Trivial Variado* (Revan, 1997), ensaios; *Noturno* (Iluminuras, 1992) e *Jantando com Melvin* (Imago, 1998), ficção; e *A Professora de Desenho e Outras Histórias* (Companhia das Letrinhas, 1995) e *Minhas Férias* (idem, 1999), infantis. Para a editora Imago, na coleção Lazuli, traduziu as *Memórias* de Voltaire e *A Alma e a Dança e Outros Diálogos*, de Paul Valéry.

Marcelo Coelho também é membro do conselho editorial da série "Folha Explica".

FOLHA EXPLICA

Folha Explica é uma série de livros breves, abrangendo todas as áreas do conhecimento e cada um resumindo, em linguagem acessível, o que de mais importante se sabe hoje sobre determinado assunto.

Como o nome indica, a série ambiciona *explicar* os assuntos tratados. E fazê-lo num contexto brasileiro: cada livro oferece ao leitor condições não só para que fique bem informado, mas para que possa refletir sobre o tema, de uma perspectiva atual e consciente das circunstâncias do país.

Voltada para o leitor geral, a série serve também a quem domina os assuntos, mas tem aqui uma chance de se atualizar. Cada volume é escrito por um autor reconhecido na área, que fala com seu próprio estilo. Essa enciclopédia de temas é, assim, uma enciclopédia de vozes também: as vozes que pensam, hoje, temas de todo o mundo e de todos os tempos, neste momento do Brasil.

1	MACACOS	Drauzio Varella
2	OS ALIMENTOS TRANSGÊNICOS	Marcelo Leite
3	CARLOS DRUMMOND DE ANDRADE	Francisco Achcar
4	A ADOLESCÊNCIA	Contardo Calligaris
5	NIETZSCHE	Oswaldo Giacoia Junior
6	O NARCOTRÁFICO	Mário Magalhães
7	O MALUFISMO	Mauricio Puls
8	A DOR	João Augusto Figueiró
9	CASA-GRANDE & SENZALA	Roberto Ventura
10	GUIMARÃES ROSA	Walnice Nogueira Galvão
11	AS PROFISSÕES DO FUTURO	Gilson Schwartz
12	A MACONHA	Fernando Gabeira
13	O PROJETO GENOMA HUMANO	Mônica Teixeira
14	A INTERNET	Maria Ercilia
15	2001: UMA ODISSÉIA NO ESPAÇO	Amir Labaki
16	A CERVEJA	Josimar Melo
17	SÃO PAULO	Raquel Rolnik
18	A AIDS	Marcelo Soares
19	O DÓLAR	João Sayad
20	A FLORESTA AMAZÔNICA	Marcelo Leite
21	O TRABALHO INFANTIL	Ari Cipola
22	O PT	André Singer

23 O PFL — Eliane Cantanhêde

24 A ESPECULAÇÃO FINANCEIRA — Gustavo Patú

25 JOÃO CABRAL DE MELO NETO — João Alexandre Barbosa

26 JOÃO GILBERTO — Zuza Homem de Mello

27 A MAGIA — Antônio Flávio Pierucci

28 O CÂNCER — Riad Naim Younes

29 A DEMOCRACIA — Renato Janine Ribeiro

30 A REPÚBLICA — Renato Janine Ribeiro

31 RACISMO NO BRASIL — Lilia Moritz Schwarcz

32 MONTAIGNE — Marcelo Coelho

33 CARLOS GOMES — Lorenzo Mammì

Este livro foi composto nas fontes Bembo
e Geometr 415 e impresso em agosto de
2001 pela Donnelley Cochrane – Brasil,
sobre papel offset 90 g/m², com fotolitos
fornecidos pela Publifolha.